福祉施設・事業所における 事業継続計画（BCP）のポイント

利用者と地域を守り抜くために

編著：全国社会福祉法人経営者協議会
全国社会福祉法人経営青年会

全国社会福祉協議会

はじめに

　福祉施設・事業所においては、利用者・家族や地域住民の生活をより豊かにするために、日々、良質な福祉サービスを継続して提供する努力を重ねています。

　一方で、毎年のように発生する自然災害や、新型コロナウイルス感染症のような感染症など、安定的・継続的な福祉サービスの提供や事業継続を困難とする様々なリスクに直面しています。

　コロナ禍において、福祉施設・事業所の従事者は、エッセンシャルワーカーとして福祉サービスの提供を継続すべく様々な工夫とともに、困難のなかで奮闘してきました。

　福祉施設・事業所において、自然災害や深刻な感染症の蔓延等により、事業が継続できなくなることは、利用者の生活ひいては生命の維持にも影響し、また、利用者の家族や地域住民の社会・経済活動の維持や継続においても大きな影響や困難を及ぼすことになります。

　こうした状況をふまえ、各福祉施設・事業所では、災害等による発生リスクの影響を最小限にとどめ、事業の継続や早期再開・復旧を図るための体制や活動内容を明確化、明文化し関係役職員間で共有する「事業継続計画（BCP：Business Continuity Plan）」の策定をすすめています。また、事業継続を図る上で、事業継続計画の策定から、その運用や見直しといった継続的改善や取り組みの実効性を担保することを含むマネジメントであるBCM（Business Continuity Management）に対する意識が高まっており、様々な実践を展開しています。

　厚生労働省においても、令和3年度の報酬・基準改定以降、すべての介護福祉サービス・障害福祉サービス事業者に対して、3年間の経過措置のなかで、BCPの策定、研修・訓練（シミュレーション）の実施が義務化されることをふまえ、自然災害発生時／新型コロナウイルス感染症発生時の業務継続ガイドラインとBCPのひな形を提示しています。

また、児童福祉分野においても、令和4年11月30日に、児童福祉施設の設備運営基準等の一部を改正する省令が公布され、「業務継続計画を策定し、職員に対し周知するとともに、必要な研修及び訓練を定期的に実施すること」「定期的に業務継続計画の見直しを行うこと」が努力義務として規定されました（令和5年4月1日から施行）。

　福祉施設・事業所においては、BCP の策定が義務化される以前から、困難な状況にあっても地域の福祉サービスを維持・継続するための BCM や BCP に対する取り組みを着実にすすめてきました。また、このような観点から考えれば、義務化された介護・障害福祉サービスのみならず、すべての福祉分野において BCP の策定・運用に向けた取り組みをすすめる必要があります。

　全国社会福祉法人経営者協議会・全国社会福祉法人経営青年会では、平成20年から BCP の普及を図るとともに、その効果的な運用に向けた BCM の考え方や手法などについて、様々な成果物を取りまとめ、発信してきました。

　本書は、それらの成果物をもとに、各福祉施設・事業所において、より実効性の高い計画の策定とその運用につなげていくためのポイントを整理したものです。

　また、本書では、できる限り、福祉施設・事業所の種別やサービス類型（入所・通所・訪問等）、組織規模等をふまえた BCP の策定・運用事例を盛り込むことに努めました。

　副題にある「利用者と地域を守り抜くために」という福祉施設・事業所の共通の使命を果たしていくために、本書が有効に活用され、皆様の取り組みの一助となることを願っております。

令和5年5月
　　全国社会福祉法人経営者協議会
　　全国社会福祉法人経営青年会

目次

3 BCPの策定と運用 〜A社会福祉法人の具体的取り組みから〜

おわりに

本書発行にあたって協力いただいた皆様

1

福祉施設・事業所における BCP・BCMとは

1. 福祉施設・事業所における BCP策定の意義と必要性

1-1 事業継続の必要性

　近年、全国において地震や大雨による水害等の自然災害が発生しています。また、それらは頻発化するとともに広域化し、福祉サービスを必要とする方々や家族はもとより、地域住民、そして、福祉施設・事業所にも被害と影響を及ぼしています。特に、大規模災害の場合には、その被害は甚大となり、生活や福祉サービスへの影響も長期に及ぶことになります。

　さらに、新型コロナウイルス感染症が世界的に流行し、新たなウイルスから命と生活を守る行動が求められています。感染症対策への知見を今後のあらゆる感染症への対応や備えに活かしていくことも必要となります。

　感染症対策においては、発生を抑える感染防止・予防策とともに、感染発生時の迅速な対応と感染拡大を抑える取り組みの双方が重要となり、感染防止マニュアル等とともに、発生時の対応方針や具体的な対応内容をあらかじめ定めておくことが必要です。

　社会福祉法人はもとより、すべての福祉施設・事業所は、日頃より利用者を守り、また利用者の家族や地域住民を支える重要な使命・役割を担っています。

　その使命・役割を果たしていくためにも、災害や感染症といった様々な緊急時を想定した事業継続計画（BCP）を策定するとともに、緊急時に的確な対応を可能とする事業継続マネジメント（BCM）が必要となります。

このBCPについて、本書では以下のとおり定義します。

> 自然災害や火災・事故などの緊急事態に遭遇した場合において、
> 事業財産や事業継続に与える損害を最小限にとどめつつ、
> 中核となる事業の継続あるいは早期復旧を可能とするために、
> 平時に行うべき活動や、
> 緊急時における事業継続のための方法、手段などを、
> あらかじめ明文化し、組織内で共有化するもの

1-2 福祉施設・事業所におけるBCPのポイント

　組織の理念や経営する事業の目的・形態、また、規模や所在地域等によって、重要視されるポイントも異なると考えられますが、リスクを想定した基本的な備えや対応を明文化し、組織で共有化することで、いざという場合に備えることの必要性は変わりません。

　また、社会福祉法人やNPO、営利組織といった福祉施設・事業所による経営主体の違いはありますが、営利組織にとっても、従業員や消費者・生活者等の生活環境を守る観点が大切にされているため、株主はじめ多くのステークホルダーの利益を保護する観点から「事業財産の損失を最小限にとどめ、緊急時においても限られた経営資源で企業活動を継続する」ことが重視されるものと考えられます。

　福祉施設・事業所においては、「事業を継続できない」＝「サービス（ケア）を提供できない」となると、利用者の安全や生命が脅かされる危険性があります。また、新型コロナウイルス感染症の感染拡大は、事業継続にとっての新たな脅威となりましたが、このコロナ禍によって、保育所やデイサービス等の事業が継続できなくなることは、利用者のみならず、その家族、さらには社会・経済活動の維持にも大きな影響を与えることが一層明確になりました。

　さらに、地震や水害による大規模災害時には、福祉施設・事業所が、地域の災害支援拠点としての役割・機能を果たしていくことが求められており、事業継続が地域住民にとっても極めて重要になっています。

このような状況をふまえると、福祉施設・事業所の BCP は、利用者の生命・安全の確保を第一としつつも、家族や地域住民の生活、社会活動をサポートしていくことも目的に据えながら策定することも社会的に求められているといえます。そして、福祉サービスが、人が人に対して提供するサービスである以上、こうした目的を達成するための最も重要な経営資源は職員一人ひとりであることから、職員の生命を守り、安全を確保しつつ、十分な職員体制が確保できない場合に備えた事業を継続するためのバックアップ体制を構築していくことが、福祉施設・事業所の BCP の特徴であるといえます。

2. BCPに盛り込むべき視点

2-1　BCP の策定等にあたっての各種ガイドライン等

　福祉施設・事業所の BCP は、組織を守るだけではなく、利用者・職員の生命を守る視点、家族や地域住民の生活を支える視点が重要になります。

　毎年のように発生する災害や新型コロナウイルス感染症の感染拡大など、福祉施設・事業所の事業継続にとって脅威となるリスクが多岐にわたって発生している今日、厚生労働省では、感染症や自然災害が発生した場合であっても、福祉サービスが安定的・継続的に提供されることが重要であることから、事業継続に向けた各施設・事業所での取り組みの強化をすすめています。

　介護・障害福祉サービス分野では、令和 3 年度の報酬・基準の改定において「感染症や災害への対応力強化」が盛り込まれ、すべての事業者に対して、BCP の策定、研修・訓練（シミュレーション）の実施等を義務付け（3 年間の経過措置期間あり）、地域と連携した災害への対応の強化を求めています（図表 1・2）。

　これに先立ち、厚生労働省は、令和 2 年 12 月に「介護施設・事業所における自然災害発生時の業務継続ガイドライン」「介護施設・事業所における新型コロナウイルス感染症発生時の業務継続ガイドライン」「障害福祉サービス事業所等における新型コロナウイルス感染症発生時の業務継続ガイドライン」を公表しました。また、令和 3 年 3 月には「障害福祉サービス事業所等における自然災害発生時の業務継続ガイドライン」（以下、ガイドライン）が公表されています。

　児童福祉分野においては、令和 4 年 11 月 30 日に、児童福祉施設の設備運営基準等の一部を改正する省令（令和 4 年厚生労働省令第 92 号）が公布され、BCP の策定、必要な研修・訓練・見直しが努力義務とされました（令和 5 年 4 月 1 日から施行）。

図表 1　介護サービス分野における BCP の義務化

感染症や災害への対応力強化

■感染症や災害が発生した場合であっても、利用者に必要なサービスが安定的・継続的に提供される体制を構築

日頃からの備えと業務継続に向けた取組の推進

○ **感染症対策の強化**

　介護サービス事業者に、感染症の発生及びまん延等に関する取組の徹底を求める観点から、以下の取組を義務づける。
- 施設系サービスについて、現行の委員会の開催、指針の整備、研修の実施等に加え、訓練（シミュレーション）の実施
- その他のサービスについて、委員会の開催、指針の整備、研修の実施、訓練（シミュレーション）の実施等

（※3年の経過措置期間を設ける）

○ **業務継続に向けた取組の強化**

　感染症や災害が発生した場合であっても、必要な介護サービスが継続的に提供できる体制を構築する観点から、全ての介護サービス事業者を対象に、業務継続に向けた計画等の策定、研修の実施、訓練（シミュレーション）の実施等を義務づける。

（※3年の経過措置期間を設ける）

○ **災害への地域と連携した対応の強化**

　災害への対応においては、地域との連携が不可欠であることを踏まえ、非常災害対策（計画策定、関係機関との連携体制の確保、避難等訓練の実施等）が求められる介護サービス事業者（通所系、短期入所系、特定、施設系）を対象に、小多機等の例を参考に、訓練の実施に当たって、地域住民の参加が得られるよう連携に努めなければならないこととする。

○ **通所介護等の事業所規模別の報酬等に関する対応**

　通所介護等の報酬について、感染症や災害の影響により利用者数が減少した場合に、状況に即した安定的なサービス提供を可能とする観点から、足下の利用者数に応じて柔軟に事業所規模別の各区分の報酬単価による算定を可能とするとともに、臨時的な利用者数の減少に対応するための評価を設定する。

(出典)厚生労働省資料「令和3年度介護報酬改定の主な事項」から抜粋

　厚生労働省子ども・子育て支援推進調査研究事業において、「業務継続計画を策定するにあたって配慮すべき事項をまとめた業務継続ガイドライン」「業務継続ガイドライン等を活用し、業務継続計画の作成や見直しに資する研修動画」「感染症対策マニュアル及び研修動画」が作成されており、国においてはガイドラインを用いて児童福祉施設等における業務継続計画を策定するためのひな形を提示しています。

図表2 障害福祉サービス分野におけるBCPの義務化

感染症や災害への対応力強化

○ 感染症や災害への対応力強化を図る観点から、<u>感染症対策や業務継続に向けた取組、災害に当たっての地域と連携した取組を強化</u>する。

1 感染症対策の強化（全サービス）

○ 全ての障害福祉サービス等事業者に、感染症の発生及びまん延の防止等に関する取組の徹底を求める観点から、<u>委員会の開催、指針の整備、研修の実施、訓練（シミュレーション）の実施</u>を義務づける。

※ 3年の経過措置期間を設ける

2 業務継続に向けた取組の強化（全サービス）

○ 感染症や災害が発生した場合であっても、必要な障害福祉サービスが継続的に提供できる体制を構築する観点から、全ての障害福祉サービス等事業者を対象に、<u>業務継続に向けた計画等の策定、研修の実施、訓練（シミュレーション）の実施等</u>を義務づける。

※ 3年の経過措置期間を設ける

3 地域と連携した災害対応の強化（施設系、通所系、居住系サービス）

○ 災害への対応においては、地域との連携が不可欠であることを踏まえ、非常災害対策（計画策定、関係機関との連携体制の確保、避難等訓練の実施等）が求められる障害福祉サービス等事業者（施設系、通所系、居住系）において、<u>訓練の実施に当たって、地域住民の参加が得られるよう連携に努めなければならないこと</u>とする。

(出典)厚生労働省「令和3年度障害福祉サービス報酬改定の概要」

図表3 保育分野におけるBCPの必要性

子どもの育ちをめぐる環境の変化を踏まえた健康及び安全の記載の見直し

（災害への備え）
○ 東日本大震災を経て、安全に対する社会的意識が高まっている。<u>子どもの生命を守るための、平時からの備えや危機管理体制づくり等</u>を行政機関や地域の関係機関と連携しながら進めるとともに、<u>災害発生時の対応を保護者と共有することが重要</u>である。

「保育所保育指針の改定に関する中間とりまとめ」より
平成28年8月2日　社会保障審議会児童部会保育専門委員会

災害における臨時休園の在り方

保育の代替措置

●災害発生の状況下において<u>社会的要請が強い防災関係者や医療関係者等</u>については、保育の提供を確保する必要性が高い。その場合、安全に保育を実施することが可能な保育園に子どもを集めて保育を行うことも考えられるが、<u>災害の状況や市町村の提供体制、登園や出勤の際の子どもや職員の安全等について留意</u>したうえで、<u>実施場所や時間及び職員体制等についての検討が必要</u>である。

●<u>拠点の園において代替保育を提供する場合は、子どもや職員の安全を確保するため、施設や避難場所の位置、過去の周辺地域の災害状況等を踏まえて、その周辺にある保育園を拠点園として設定</u>する。その際、子どもがどの園に行くことになるか、事前に登録を行うなどの対応が重要である。

(出典)厚生労働省「保育所における災害発生時等における臨時休園の対応等に関する調査研究（周知）」
令和2年7月17日事務連絡別添資料①

さらには、すでに「保育所保育指針」などにも示されているように、平時から災害発生時の対応や避難所としての対応等を整理しておくことが必要とされています。また、特に、エッセンシャルワーカーといわれる防災関係者や医療関係者、社会福祉関係者等は、災害時などにおいても事業の継続が求められるため「保育の必要性」が高くなります。そこで保育所等は事前に行政などと協議の上、地域としてどのような形で保育を提供していくか、検討しておく必要性が指摘されています（図表3）。

2-2　BCP の策定・運用の留意点

介護・障害・児童などいずれの分野においても、利用者の生命を守る重要性とともに、地域社会との関係性や行政機関等との連携が求められています。そこで福祉施設・事業所の特性をふまえ、BCP の策定・運用にあたっては、次のような影響を考慮します。

- 利用者の生命・生活の維持はどうなっていくのか
- （利用者の）家族の生活はどうなっていくのか、就労等は継続できるのか
- 福祉施設・事業所の使命である地域の福祉拠点としての役割を継続することができるのか
- 働いている職員の雇用の継続に影響が出てしまうのではないか
- そもそもサービスを停止すれば、特に、通所施設・事業所などでは顕著に収入が減少してしまうのではないか

さらに福祉施設・事業所は、日常的に地域社会と密接な関係をもって事業を展開しています。そこで、大規模災害等が発生した場合、自施設・事業所のみならず地域の多様な機関への影響（図表4）を考慮しながら、自施設・事業所の BCP を策定し、それを多様な機関と共有しておくことも重要です。

図表 4　大規模災害等の発生による他機関への影響（例）

他施設・事業所	・近隣であっても、停電や電話回線等の混乱により、2日間連絡が取れなかった。 ・災害時等の連携体制を結んでいたが、双方が被災していたため、実際の支援が図れなかった。
医療機関	・医療機関の損壊により、緊急性を要する患者のみの受け入れに限定された。 ・事業所の損壊及び停電等に伴い生命への影響を及ぼす利用者については、医療機関での受け入れ等の必要が生じた。
企　業	・物資枯渇及び流通へのダメージによる食材入手難等、影響が生じた。 ・金融機関の被災に伴い預金の引き出し等が困難となった。
行　政	・行政機関も被災しており、機能不全に陥った。 ・交通インフラの混乱に伴い、情報把握に時間を要した。 ・行政設置の避難所へ避難している要援護者等の情報共有、事業所での受け入れ等が求められた。
自治会	・地域のライフライン停止に伴い、避難住民の受け入れ等が求められた。 ・事業所の種別を超えた避難住民（高齢者施設へ障害者の避難）の受け入れを一時的に求められた。 ・自治会との関係性がないため、住民による法人・施設の理解が得られていなかった。
社会福祉協議会	・ボランティア活動の申し入れに対し、実際のニーズが異なり、受け入れができなかった。 ・災害時要援護者の実態把握、ニーズ調整等にあたって、社協と行政、施設間で情報が錯綜し、対応までに時間を要した。
その他	・種別協議会等や県、市町村それぞれによる調査が錯綜し、対応に追われた。 ・災害支援派遣依頼にスタッフを派遣したが、派遣元と要請機関から情報がなく、連絡ミス等が生じていた。

(出典)全国社会福祉法人経営青年会「BCP解説動画 シリーズ①総論編」

3. リスク発生時の対応手順と BCPの効果

3-1 災害・感染症発生時の主な対応手順

　BCP の策定・運用の具体的なすすめ方にふれる前に、災害や感染症等が発生した際、どのような対応手順が想定されるのか、また、想定される対応手順をふまえて、BCP の有無が与える影響について考えてみます。

　図表5は、実際に災害が起きた際に、想定される対応手順を整理したものです。初動対応として、利用者・職員等の安全確保や救護、避難、二次災害の防止といった対応を迅速にすすめることになります。

図表5　災害発生時に想定される主な対応手順

初動対応	・ 安全確保 ・ 救護 ・ 避難 ・ 二次災害防止
災害対策本部設置 BCP発動	・ 安否確認 ・ 職員の参集、帰宅指示 ・ 被害状況の確認 ・ 情報収集、報告 ・ BCP発動判断
事業継続 復旧活動	・ BCP対策方針決定 ・ 事業継続・復旧活動 ・ 行政や関係者等への状況連絡 ・ 財務対策 ・ 地域貢献

(出典)株式会社フォーサイツコンサルティング「中小企業のためのBCP策定支援セミナー(基礎講習会)～強い会社はリスク対応力が違う～」浅野睦を一部改変

　その後、災害対策本部等の指揮命令の中心を担うセクションやチーム等の設置やBCPに沿った対応の開始、そして事業継続、復旧活動へと移行します。そして、当該施設・事業所の事業の継続や復旧の目途を立てつつ、並行して、地域における災害支援活動への参加・協力など、地域社会における災害時の福祉的な支援等に貢献することが必要です。

　図表6は、感染症発生時の主な対応手順です。初動対応としては、隔離対応（ゾーニング）や利用者の体調管理、利用者家族への連絡・説明、感染拡大防止対策などがあげられます。このため、あらかじめ医療機関・保健所との連携方法を明確にしておくことが重要です。対策本部設置及びBCP発動以降は、災害発生時と多少異なる部分はあるものの、おおむね同様の流れとなることが想定されます。

図表6　感染者発生時に想定される主な対応手順

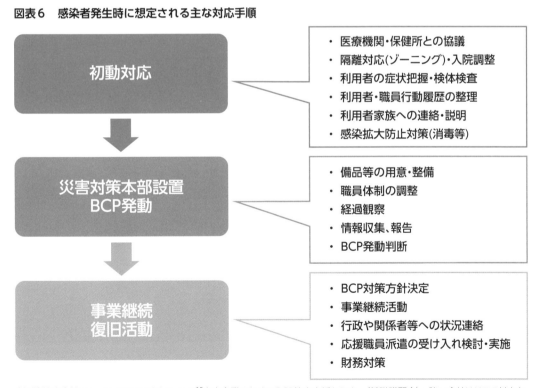

（出典）株式会社フォーサイツコンサルティング「中小企業のためのBCP策定支援セミナー（基礎講習会）〜強い会社はリスク対応力が違う〜」浅野睦を一部改変

3-2　危機的事象の発生から復旧までの流れ

　図表7は、「危機的事象の発生から復旧までの流れ」を示したものです。平時のサービスレベルに対して、災害や感染症など危機的事象が発生した際には、通常以外の業務や対応が求められるとサービスのレベルが低下・停滞してしまいます。しかし、事前に BCP が策定され、組織内に浸透・共有されていると災害等による被害、サービスの低下や停滞を軽減することができます。

　また、あらかじめ「目標復旧時間」やその具体的なフローを定めることによって、どの時間までに、どのサービスレベルに戻していくのか、そのために取り組むべきことは何なのかを明確にするとともに、経営者としての迅速な意思決定ができ、職員も目標に向かって行動することが可能です。

　一方、目標となる復旧時間が定められていないと、目安がないため、何をいつまでに行うべきかがわからず、いつまでもサービスレベルが低下・停滞したままとなり、早期の復旧が困難になることも考えられます。復旧に時間を要するほど、必然的に利用者、家族、職員、地域などへの影響が大きくなります。

　当然ながら BCP において想定できていなかった事態の発生も起こります。しかし、あらかじめ BCP を策定しておくことで想定の範囲内への対応をスムーズに行うことができ、想定外への迅速な対応に着手することも可能となります。

　福祉施設・事業所が提供する福祉サービスは、医療やメンテナンス業等と同様に社会・経済活動を維持する基盤の一つであり、その従事者はエッセンシャルワーカーとして、災害時や感染症発生時に求められる役割が非常に大きいため、事業を中断するということが難しい事業体であるという認識のもと、BCP の策定・運用に取り組む必要があります。

図表7　危機的事象発生時から復旧までの流れ

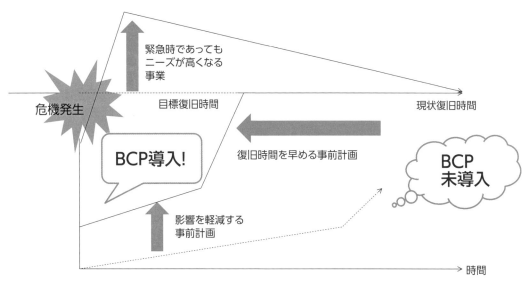

(出典)株式会社フォーサイツコンサルティング「中小企業のためのBCP(事業継続計画)策定支援・実践演習第1回」浅野睦を一部改変

4. BCPの実効性を高める 事業継続マネジメント（BCM）

4-1　事業継続マネジメント（BCM）とは

　福祉施設・事業所の BCP の意義・必要性等をふまえると、当然のことながら計画を策定すること自体が目的ではありません。BCP はあくまで PDCA サイクル（計画⇒実施⇒評価⇒改善）の「P」にあたる計画にすぎないので、計画を策定するだけでは、利用者・家族・地域住民と職員の生命・安全の確保という大きな使命・役割を果たすことはできないのです。そこで、BCP の策定を一過性の取り組みに終わらせてしまうことなく、継続的な教育・研修・訓練（シミュレーション）の実施、必要に応じた備蓄や設備等の見直し（不断の見直し）などを図っていくことが重要です。

　このような BCP の策定から運用・見直しまでのマネジメントプロセスのことを「事業継続マネジメント（BCM）」といいます。

　これを推進するマネジメントプロセスの基本は、PDCA サイクルを回すことにあります。つまり、日々の組織・事業経営において、PDCA サイクルを回す体制が構築されていることが、事業継続活動を推進していくための土台となります。

4-2　BCM を推進するためのポイント

　まず、経営者・管理者として、自施設・事業所において BCP に取り組む意義・目的を基本方針として明確にします。そしてそのための推進体制を構築し、リスクの分析や想定される課題を洗い出し、BCP を策定します。

　BCP を定着・発展させ、実効性のあるものとするためには、BCM の仕組み・体制を構築し、不断のマネジメントサイクルを回していくことがポイントになります（図表 8 参照）。

図表 8　福祉施設・事業所における BCP 策定・運用のフローチャート

1. 基本方針を定めBCP・BCM推進体制を構築する	① BCP・BCM推進体制の基本方針を示す ② BCP・BCMの推進体制を構築する

2. 事業を理解しリスクを把握する	① リスクを把握する(リスクアセスメント) ② 優先事業・優先業務を選定する ③ ボトルネック資源を特定する

3. BCPを策定する	① 職員の安否確認基準、参集基準を検討する ② 緊急時職員参集と災害対策本部設置体制を構築する ③ リスクと対応を想定する ④ サービス提供における優先(重要)業務を選定する 　※「2.事業を理解しリスクを把握する」の「2-2」において、 　　まずは優先事業を選定してから、実際にBCPを策定する 　　このタイミングで優先業務の洗い出しを行う場合もある。 ⑤ 目標復旧時間を設定し、対応する ⑥ 業務復旧に向けた連携機関の整理・確認を行う ⑦ 備蓄品の在庫整理を行う ⑧ ゾーニングマップを作成する

※上記はBCPを策定する際に必要な項目例である。
※34頁以降の「**3** BCPの策定と運用～A社会福祉法人の具体的取り組みから～」を参照。

4. BCPを実施・運用する	① BCPの目的や内容の組織浸透を図る 　例：法人内への計画周知 　　　用品・備蓄品の購入整備・リスト等の準備 　　　机上訓練・避難訓練・地域合同訓練の実施 　　　緊急時を想定した部署・チームでの運用 　　　関係先・他施設との継続的連携 　　　防災用品・備蓄品の維持、更新 　　　緊急時訓練や外部機関による点検　など

5. 実際に訓練し評価・見直しをする	① 教育・研修・訓練(シミュレーション)を実施する 　例：全職員研修、外部派遣研修等の教育　など ② 評価・見直しを行う 　例：訓練・計画実施結果に基づく検証 　　　外部環境の変化、組織変更等による更新 　　　新たなリスク、シミュレーション結果による更改 　　　組織体制等の再構築 　　　規程・マニュアル類の定時見直し(最新版の維持) 　　　など

(出典)全国社会福祉法人経営青年会「事業継続マネジメント実践の手引き」(平成27年3月6日)を一部改変

図表 9　BCM（BCP の策定から運用・見直しのプロセス）のイメージ図

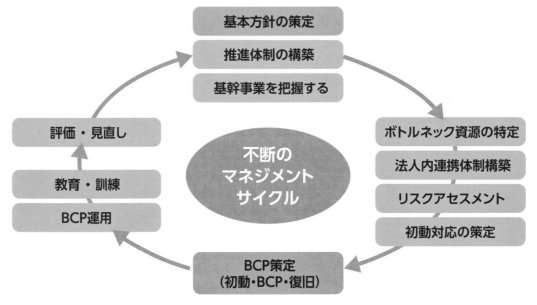

(出典)全国社会福祉法人経営者協議会リスクマネージャー養成講座検討会資料

　　BCP の有効性・妥当性については、実際にリスクが発生し、BCP が発動
されなければ実証できないという特性があります。そのため、教育・研修・
訓練（シミュレーション）が重要になります。実際に BCP を発動した場合
を想定した教育・研修・訓練（シミュレーション）を計画的、定期的に実
施し、その結果から、BCP の有効性・妥当性を検証・評価し、必要な改
善・見直しにつなげ、不断のマネジメントサイクルとして運用していくこ
とが大切です（図表9）。

2

福祉施設・事業所における
BCPの策定・運用プロセス

1. 基本方針を定めBCP・BCM推進体制を構築する

　福祉施設・事業所における BCP の策定の意義や必要性、実効性を高めるための視点などをふまえ、本項以降では、BCP の具体的な運用プロセスと各プロセスにおける重要な視点等を説明します。

1-1　BCP・BCM 推進体制の基本方針を示す

　BCP の策定・運用は、重要な経営判断の一つです。福祉施設・事業所の理念に基づき、災害等発生時の組織的な行動基準が示されないと、職員も具体的な行動につなげることができません。そこで、経営者・管理者が、BCP の策定・運用や BCM 推進体制にかかる基本方針を示します。

　その際、基本方針は法人理念との一貫性をもち、法人理念の実現につながるものであること、かつその基本方針は、職員の具体的な行動の拠りどころとなる基準となるようにします。

　基本方針の作成においては、次の視点をふまえ、より具体的に検討していきます。

- ●災害や感染症のクラスター等が発生した際、想定される悪影響等は何か
- ●そのような状況において、何としても守り抜かなければならないことは何か
- ●事業を継続していくために解決すべき課題や優先的事業は何か
- ● BCP を策定することにより、どのような状況等をめざしていきたいか

　BCP の策定には、通常の職務に加えて、策定にかかる協議、実務や外部との調整などを要するため、それなりの労力が求められます。そのような際、職員が法人理念に基づく BCP の基本的な考え方を理解していると、利用者、職員や法人・事業所自体を守る意識が芽生えてきます。また、自法人・自施設の事業継続だけでなく、高い公益性を有する社会福祉法人、福祉施設・事業所として、地域の福祉を守るために、地域に目を向ける意識をもつことにもつながります。さらに危機的事象が発生した際（有事の際）に基本方針の達成に向けて、全役職員一丸となり、BCP に基づいて行動することができるようになります。

　なお、厚生労働省のガイドラインにおいても、「基本方針は優先する事業の選定や地域貢献その他様々な項目を検討する際の原点となるので、何のために BCP 作成に取り組むのか、その目的を検討して記載する」と示されています。

　職員の具体的な行動の拠りどころとなる基準として、あるいは自発的に事業継続に向けた行動ができるよう、基本方針をとおして、平時から常に BCP がめざすべき目標・目的等を共有しておくことが大切です。

1-2　BCP・BCM の推進体制を構築する

　厚生労働省のガイドラインにおいても、「災害対策の推進には、総務部などの一部門で進めるのではなく、多くの部門が関与することが効果的であるため、継続的かつ効果的に取り組みを進めるために推進体制を構築する」「各施設・事業所等の実情に即して、既存の検討組織を有効活用する」などと整理されています。組織内の連携や情報共有の体制整備に取り組み、全職員に BCP を浸透させ、有事の際に行動できる組織の仕組みづくり、あるいは人材の育成につなげることが求められています。

　組織内で BCP・BCM を推進するためには、福祉施設・事業所の規模、種別、所在する地域の状況などをふまえ、体制や役割分担を決めていくことが重要です。

　具体的に、福祉施設・事業所単位での体制とするか、あるいは福祉施設・事業所を経営する法人単位の体制とするかという点も、それぞれの規模や

特性、地域性とともに、拠点の所在や拠点間の距離等をふまえて検討します。

　福祉施設・事業所単位の体制を構築する場合は、通常の組織図や職務分担に合わせた推進体制を考えます。そうすることによって、例えば施設の管理者が災害時においても責任者として役割を担い、指揮命令系統が平時と大きく変わらないことで、職員の戸惑いや不安も解消されやすくなります。

　また、法人単位の体制を構築する場合は、それが各施設・事業所へのバックアップ体制の明示となることに留意します。

　さらに、推進体制を構築する際、事業種別、サービス類型別、あるいは所在する地域別（事業エリア）の構築に悩まれる法人、施設・事業所もあると考えられますが、各組織の実際の機動力や想定リスクなどによって構築方法は様々であり、正解はありません。組織内部において、どのような体制を整備すれば、最も連携しやすいか、円滑な役割分担ができるかについて、拠点・拠点間の地理的条件をはじめ、役職員の指揮命令のあり方、また、職員の人数や居住地、有事に活用する資源等の状況等を総合的に勘案しながら、丁寧に協議しながらすすめていくことが求められます。

　参考として、図表 10 では、推進体制別にメリット・デメリットを整理しています。メリットを活かし、デメリットをカバーできる BCP の策定を検討してください。

図表 10　推進体制ごとのメリット・デメリット

推進体制	メリット	デメリット
事業種別	応援職員の派遣が円滑	他種別事業所での活動に制限が生じやすい
サービス類型別	BCP の内容ならびに重点事項が共有しやすい	他類型へのフォロー体制までの想定が必要 想定リスクにより、他類型同様の機能が求められる場合もある
所在する地域別（事業エリア）	単体事業所における被災への応援体制が円滑 災害における想定リスクが共有しやすい 併設事業所の付加価値を活かしやすい	局地的災害発生時は双方の被災により連携が取りにくいこともふまえる必要がある

（出典）全国社会福祉法人経営青年会「BCP解説動画 シリーズ②各論編」

　いずれの場合も、大切なのは、法人と施設・事業所での計画や対応に一貫性をもち、相互の連携や情報の共有を行うこと、そして理念との整合性をもった事業継続・復旧に向けた取り組みとすることです。

　BCP の策定・運用には全職員がかかわり、何らかの役割をもつのが望ましいですが、役割を分担するだけではなく、誰がどの役割を担っていて、その具体的な内容が何かを共有し合うこと、あるいはその役割に複数人で一緒に取り組むことを念頭に置いた体制とすることで、平時から災害等を想定した行動を職員自らが考え合う風土ができ、さらには災害等が発生した際に、BCP に基づき動くことのできる人材の育成につながります。とはいえ、法人の実態等によっては全職員の参画は難しい場合もあるので、例えば次のような職層をイメージし、役割を具体的に整理しておきます。さらにこれらの職層が不在の場合の対応についても検討しておくことが望まれます。

基本方針を示し、外部との交渉、調整をする職層
　　⇒理事長、法人本部など
BCP の策定・運用のまとめ役となる職層
　　⇒事業所管理者などの策定責任者
教育・訓練（シミュレーション）を実行する職層
　　⇒事業所管理者などの策定責任者、実動メンバー※

　　　　※実動メンバーは、例えば、法人内に「BCP 策定チーム」などを設置
　　　　　している場合は、そのチームに所属する担当職員などをさす（法人
　　　　　の実態による）。

2. 事業を理解し
リスクを把握する

2-1　リスクを把握する（リスクアセスメント）

　BCP の策定・運用に取り組む上では、自施設・事業所の地域特性、規模や種別等の特性をふまえて、想定されるリスクをできるだけ広く具体的に特定しておくこと、つまり、リスクアセスメントが重要になります。

　多岐にわたるリスクを洗い出すことで「想定外」とされるリスクを減らしながら、事業継続に与える影響の大きさや発生頻度などを考慮し、BCPの対象となるリスクを特定します。これは職員一人ひとりのイメージや価値観に左右されずに、組織全体での取り組みとする上で必要なプロセスです。

　具体的には、過去に発生した災害や自治体などで示している防災ハザードマップや地域防災計画、あるいは、同種別、同規模の施設・事業所等における感染症クラスターの例などから、自施設・事業所にどのようなリスクが想定されるかを検討し、共有します。特に、地震や水害といったリスクの発生頻度に加えて、地域の防災体制やインフラの整備状況等が大きく影響することになりますので、自治体や自主防災組織、近隣の事業所等とも情報を共有しながら、リスク要因を想定することも大切です。また、自施設・事業所の事業実施地域に加えて、職員の通勤経路、通所事業・訪問事業であれば利用者の居住地などもふまえ、「地域」の範囲をとらえることも必要です。

　リスクを想定する際には、「要因の想定」と「結果の想定」に分けて考えることも重要です。「要因の想定」とは、「いつ、どのような状況下で、どのような災害・感染症が発生するか」を考えることです。一方の「結果の想定」とは、「要因の想定」によって特定したリスクが、「事業運営にどの

ような影響（結果）をもたらすか」を考えることです。この両側面のイメージを明確にし、BCP の策定にかかわるメンバー間で共有します。

要因の想定：いつ、どのようなときに、何の災害・感染症が発生したか
　例）「夏・冬」の「昼・夜」に「地震・クラスター」が発生

結果の想定：要因想定によって事業にどのような影響を来したか
　例）電気・ガスの停止、職員の出勤停止　など

　続いて、想定リスクに対する法人・事業所の脆弱性やリスクへの対応策などを整理します。

　対応策や必要備品等の購入計画等につなげていくため、想定したリスクのうち、事前対応が可能なものはリスクアセスメントシートなどに整理していきます。災害の種類により、それぞれ想定するリスクが異なるため、事前対策としてのリスクアセスメントも異なります。

　特に、感染症対応におけるリスクアセスメントとして、衛生用品などは予防の段階から使用しているものもあるため、感染者が発生すると、使用量、使用頻度が高まることから、不足することを想定して作成するようにします。厚生労働省の新型コロナウイルス感染症発生時の業務継続ガイドラインでも「防護具、消毒液等備蓄品の在庫確保や保管場所の確認」が求められています。その際、感染が疑われる者への対応等により使用量が増加する場合に備え、普段から数日分は備蓄しておくことが望ましいとされています。

　このように、災害対応のみならず、コロナ禍のような感染症対策が求められる状況もあり、それらの観点から、それぞれのリスクに応じた対策を講じておくことが重要です。

2-2　優先事業・優先業務を選定する

　災害や感染症などの緊急事態が発生した際、複数の事業（入所・通所・訪問等）を実施している場合には、限られた経営資源ですべての事業を継続することは困難です。そのため、どの事業を優先して継続・復旧すべきか、あるいは、どの事業を縮小・休止するかということを、あらかじめ決

めておくことが必要です。

　緊急時に優先する事業は、各事業を包括的にカバーできるような基幹的な事業とします。厚生労働省のガイドラインにおいても、各法人の中核をなす事業、入所系施設など24時間365日サービスを休止することができない事業が優先されると示されています。入所施設においては、サービスを継続できなければ、利用者の生命維持に大きな影響を与えることから、優先すべき事業に位置づけます。

　しかし入所・居住系のサービスを基幹事業として位置づけるにあたり、保育所やデイサービスなどの在宅系サービスを長期的にストップしてしまうと、保護者や利用者の家族の生活にまで影響を来しますので、利用者や家族の状況等をあらかじめ把握しておき、限られた人員体制のなかでも優先すべき業務や、やむを得ず休止・縮小する事業がある場合の想定期間（復旧・再開見込み時間）を検討します。

　また、保育所（保育分野）においては、BCPの義務化がされるなかで、特に、厚生労働省子ども家庭局が示している「災害における臨時休園の在り方」では、災害発生の際、「社会的要請が強い防災関係者や医療関係者等については、保育の提供を確保する必要性が高い」など、保育の代替措置の重要性にふれています。

　このように所在地域の福祉的ニーズを的確にとらえ、どのような形でサービスを継続あるいは早期復旧できるのかを、事前に想定しておくことが求められてきます。

　なお、優先（基幹）事業については、決して一つに絞らなければならないという訳ではなく、BCP・BCMの推進体制の構築に基づき、事業の実施エリアや種別ごとに設定することも考えられます。

　また、優先（基幹）事業を設定したのち、優先する「事業」からさらに踏み込んで、優先する「業務」を選定しておくことも必要です。厚生労働省のガイドラインにおいても、「入所者・利用者の生命・健康を維持するために必ず実施しなければならない最低限の業務を『重要業務』として選定する」と示されており、例えば「食事・排泄・与薬」、あるいは、医療的ケ

アが必要となる利用者が多い施設・事業所においては「医療的ケア」も重要業務に含まれるとされています。

さらに、ガイドラインでは、「優先業務の洗い出しとともに最低限必要な人数についても検討しておくと有用である」と示されています。この最低限必要な人員が重要資源の一つであり、災害時の経営のボトルネックとなる資源（後述）をどのように調達するかを設定しておくことで、優先業務の選定がしやすくなります。

特別養護老人ホームを例にとると、利用者の生命維持のため、与薬支援、食事支援、排せつ支援といった業務が優先されます。そうした業務を遂行するために必要となる、施設・設備やインフラ等の被害状況や職員の参集可否にかかる状況などの情報収集と共有、被害想定施設・設備の応急措置や必要な資機材の確保・調達などの業務を洗い出しておきます。

2-3　ボトルネック資源を特定する

事業継続を困難にし、復旧を長引かせる原因となる重要要素（ボトルネック資源）を特定します。ボトルネック資源は、福祉サービスの場合、基本的には事業継続活動やサービスを提供する「人」「物」「情報」「金」があげられます（図表11）。例えば、電力・上下水道・ガス等の供給停止、通信設備・通信環境や業務システムの停止、職員の通勤経路の断絶などが想定されます。

ボトルネック資源を特定すると、準備しておくべき事項が明確になります。例えば、電力の供給停止に備えて自家発電機を整備する、自家発電機の出力容量や稼働可能時間を把握し電力供給を優先する設備を定めておく、稼働可能時間を超える場合の避難先などを明確にする、といった対応です。

また、自然災害や感染症によるクラスター等が発生すると、業務委託先業者などの出入りができなくなることもあります。そこで、ボトルネック資源調達上の課題を把握し、事前に関係者を含めた協議を行うことで、対策を講じていくことができます。

なお、対応が難しい場合には代替策も検討しておきます。物資（物）の

継続的な調達方法、備蓄品の管理や活用など、計画的、定期的、あるいは
段階的に整備する方策を検討します。

図表11　ボトルネック資源（例）

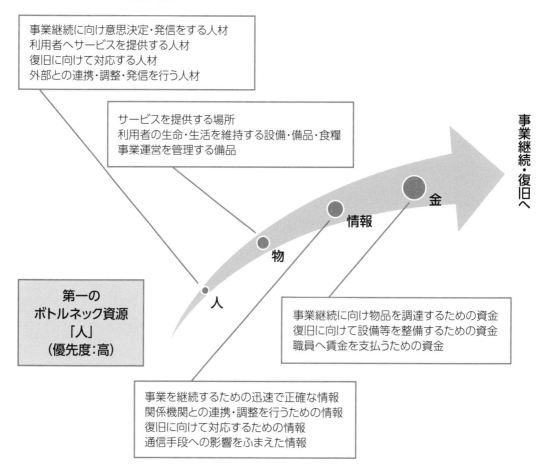

(出典)全国社会福祉法人経営青年会「BCP解説動画シリーズ③各論編」

3. BCPの策定と実施・運用

3-1　BCPを策定する

　これまでの検討プロセスを経て、BCPを策定していきます。福祉施設・事業所の事業継続に関するリスクは非常に多岐にわたるため、どこからはじめてどこまでやればよいか、検討にどれだけ時間をかければよいかなど、悩まれる場合も多いようです。福祉施設・事業所の種別や類型に応じたBCPは事例を交えて **3** 以降で解説するため、ここでは省略しますが、BCPに盛り込むべき事項や具体的な策定方法で、明確な正解があるわけではないということも重要な点です。そのため発生頻度や事業の継続・復旧への影響度が大きい事象を想定して、まずはBCPを策定してみる、その上で評価・見直しを繰り返しながら、よりよいものにしていくという考え方を共有することも大切です。

3-2　BCPを実施・運用する

　BCPの運用を開始するにあたって、まずは、BCPの目的や内容を組織全体に浸透・定着させていくために、定期的な職員教育等を実施します。また、BCPの教育を通じて、自施設・事業所の理念や目的、提供するサービスの意義等の理解が深まり、職員一人ひとりが事業継続を支える重要な役割を担っているという自覚の促しにつながります。

　福祉施設・事業所のBCPとは、単なる災害復旧計画やマニュアル・手順書に位置づけられるものではありません。利用者、家族、地域住民の生命・生活を守り抜くという組織の目的を、いかなる場合であっても最善の形で実現し続けるための経営戦略であるととらえられるでしょう。そのような意味では、職員にはBCPの「内容」を周知するだけではなく、その背景や目的、基本的な考え方を共有することが重要です。

職員教育の主な例として 4 つの学びの視点をあげます。

- BCP に関する知識
- 経営上における BCP の必要性
- BCP 策定プロセスの周知や対応手順
- リスクマネジメント全般に関する理解と対応

　各職員の理解を図るため、作成した BCP の意義や内容等を説明する機会をつくることや、その内容に基づく研修・訓練（シミュレーション）、必要備蓄品等の使用方法の確認など、様々な事項について実際に取り組んでいきます。

4. 実際に訓練等を行い評価・見直しをする

4-1　教育・研修・訓練（シミュレーション）を実施する

　BCP は実際に発動し実行してみないと、その有効性・実効性・妥当性を実証することが難しいという特性があります。そこで BCP が計画どおり機能するのかについて、教育・研修・訓練（シミュレーション）によって可能な限り確認し、その結果を評価し、計画の見直しへ反映させます。

　特に、令和 3 年度の介護・障害の各報酬改定において、BCP の策定、研修・訓練（シミュレーション）の実施等が義務付けられたこともあり、BCP を組織内に浸透させ、実際に有効性のある BCM につなげるために、平時からの自然災害や感染症に関する情報収集をはじめ、教育・研修・訓練（シミュレーション）などを計画的に実施していく必要があります。BCP を浸透させるための教育・研修・訓練（シミュレーション）のあり方についても、自然災害や感染症等に関する最新の動向などをふまえ、常に何が最適かを検討し、バージョンアップしていく視点が求められます。

　教育・研修・訓練（シミュレーション）では、前述した職員教育の 4 つの学びの視点を活かし、以下 11 項目のように具体化して学べるとよいでしょう。様々な切り口で繰り返し行うことで職員への浸透が図れます。

<主な教育・研修・訓練（シミュレーション）の内容>
● BCP とその内容の理解
●利用者の安全確保
●利用者の生活継続
●感染拡大防止策（ゾーニングシミュレーション）
●応援派遣（職員等）の受け入れ体制と業務内容

- 施設内設備の使用方法
- 備品・消耗品等の管理
- 法人や外部機関との連携
- マニュアルの理解と見直し
- 災害対策本部設置
- その他

　一方で、大規模災害等が発生した場合には、いかに綿密な訓練（シミュレーション）を重ねていたとしても、高い確率で想定外の事態が生じ得ますので、職員一人ひとりが自ら考え、対応していく力を身につけることが大切です。

　そのために、教育・研修・訓練（シミュレーション）では、想定されるリスクとその対応を職員自らが具体的なイメージをもって考えられるようにします。職員一人での対応が難しいケースや課題を設定し、他の職員や関係機関と連携・協力する手段や方法について理解・共有を図ります。

　また、教育・研修・訓練（シミュレーション）は、あらかじめ定めた時期に定期的に実施するとともに、人事異動など組織に変化があったときにも実施します。

4-2　評価・見直しを行う

　BCP は計画であるため、定期的に教育・研修・訓練（シミュレーション）を行いながら、内容を検証します。その都度、見つかった課題等に対し、効果的な具体策を検討してより具体的な行動計画へと発展させ、実効性を高めましょう。

　こうした取り組みによって、作成した BCP が実際に活用できるかどうかを確認し、さらには、新たな対策として整理すべき事項や新たな課題を明確にすることで、BCP のブラッシュアップにつなげます。

　また、これらを通じて、計画である BCP の作成、運用するための教育・訓練等の実施、それらをふまえた検証・計画や運用体制等の改善といった PDCA サイクルが回り、BCM が推進されていきます（図表 12）。

　さらには、このPDCAサイクルの各プロセスにおいて、職員がそれぞれ参画することも重要です。それがBCPの浸透と、災害や感染症等に対応できる人材育成につながり、有事の際の機動力になります。災害や感染症時の事業継続を自分事としてとらえていくためにも職員参画の取り組みをおすすめします。

　BCP・BCMの評価・見直しについては、月次、年次それぞれの期間で定期的に実施します。月次の点検では具体的な行動計画の実効性等にかかる観点から、年次ではBCMの推進体制等の運用のあり方にかかる観点からなど異なる観点から実施することで、重層的な評価・見直しが可能となります。

図表12　BCMの推進イメージ

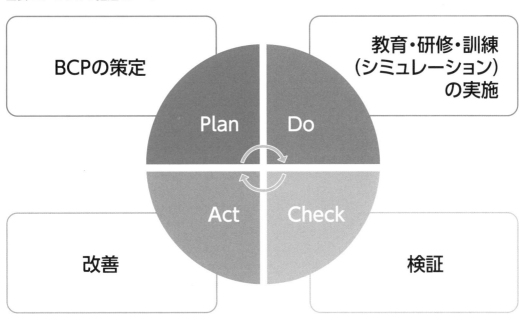

(出典)全国社会福祉法人経営青年会「BCP解説動画シリーズ③各論編」

BCPの策定と運用
～A社会福祉法人の 具体的取り組みから～

1. 基本方針を定めBCP・BCM推進体制を構築する

3 では、A社会福祉法人における具体的な取り組みをとおして、BCP策定と運用について紹介していきます。

A社会福祉法人　基本情報

種別／類型別	障害／障害者支援施設・グループホーム
BCP策定・運用の実施単位	施設（事業所）
想定リスク	地震・水害／新型コロナウイルス等の感染症

1-1　BCP・BCM推進体制の基本方針を示す

　A社会福祉法人ではBCP・BCMに取り組むために、法人理念に基づいたBCP・BCMの基本方針の策定に取り組みました。基本方針を職員一人ひとりに浸透させることがポイントであると考え、基本方針の作成責任者を定めてプロジェクトチームを編成し、複数の職員で基本方針案を考えました。それを理事長や法人役員等に進言し、承認を得るようなボトムアップ方式にしています。

　基本方針の作成にあたっては、①想定される悪影響、②事業継続のために解決すべき課題、③BCP策定によりめざすこと、などの視点を整理しました（図表13）。

　これにより作成した基本方針（図表14）は、災害時には職員の具体的な行動の拠りどころになり、さらには自発的に事業継続に向けた行動ができるよう、平時から共有しておくこととしています。

図表 13　A社会福祉法人の基本方針を策定するための視点

① 大規模な自然災害や事故の発生、感染症の流行にともない問題となることは？
＜大規模自然災害や事故の発生＞ 　利用者や職員の避難。安否確認。衣食住。建物、設備の被害、復旧。情報収集。通勤。薬や怪我の対応。利用者のメンタル面のケア。 ＜感染症の流行＞ 　利用者、職員の体調管理。感染防止策。感染拡大による利用者支援体制。衛生用品等の不足。
② 現状の問題の中で克服すべき課題は？
危機管理の意識、理解、スキルの向上。備蓄品、代替品の使い方。施設外のネットワーク。行政、医療機関、業者、他法人等との連携、つながり。社会資源の活用。状況に応じた判断、臨機応変な行動。必要な物資の確保。応急手当、救命救急のスキルアップ。緊急時に判断、行動できる職員の育成 (状況判断、優先順位等)。
③ BCP がめざすべき目標・目的は？
利用者の健康及び生活の維持、継続。施設機能の維持、継続。地域の復旧のための核となる。被災者から支援者へ。職員や家族の安全確保、雇用の確保。

(出典) 株式会社フォーサイツコンサルティング　BCPフォーマット集をもとにA社会福祉法人にて作成

図表 14　A社会福祉法人の BCP 策定・運用にかかる基本方針

BCP・BCM に対する基本方針

　東日本大震災以降、わが国では、首都直下型地震や南海トラフ巨大地震など、大規模な災害に対する警鐘が鳴らされているほか、台風・竜巻などの風水害が多発しており、当法人においても、常に危機的事象の発生を想定しておかなければなりません。

　私たち、社会福祉法人○○会の基本理念は、「○○○○○○」です。

　たとえ、災害等の危機的事象に見舞われたとしても、当法人の基本理念と法令に基づく要請等をふまえて、使命を全うすることが求められます。

　いざ災害が発生してからでは遅く、平時であればこそ、いつ、どこで発生するか予測できない危機的事象に備えることができると確信していますので、以下、当法人の使命・役割を果たしていくため、BCP を策定し、BCM 推進体制を構築することを宣言します。

　以下の基本方針のもと、当法人の使命・役割を果たし、地域からの信頼と期待に応えるために、全役職員がこれに取り組みます。

　一、利用者の生命を守り、利用者、家族、地域住民の生活を支えるために、継続的・安定的に
　　　サービスを提供します

　一、職員の生命を守り、雇用を継続します

　一、地域の災害拠点として、地域社会の復興・復旧に貢献します

令和　年　月　日

社会福祉法人○○会

理事長　○○　○○

1-2　BCP・BCM の推進体制を構築する

　続いて、施設規模、種別、所在する地域などをふまえて BCP・BCM の推進体制を検討しました。複数の種別事業を運営していることから、主に、事業運営エリアごとに体制を考えています。

　図表 15 のように、事業所 B・C（障害者支援施設・グループホーム）は事業を実施する地域（エリア）が同一のため、連動しながら BCP を作成することとしています。一体的に作成することで、人材・備蓄・備品などの経営資源の共有を円滑に図ることができる点がメリットです。

　一方、事業所の所在地、種別やサービス類型が異なる事業所 D（保育所）、事業所 E（地域密着型特別養護老人ホーム）においては、個別事業所ごとに作成し、法人本部の BCP と紐づけることとしました。

図表 15　A社会福祉法人の BCP 作成・BCM 推進体制

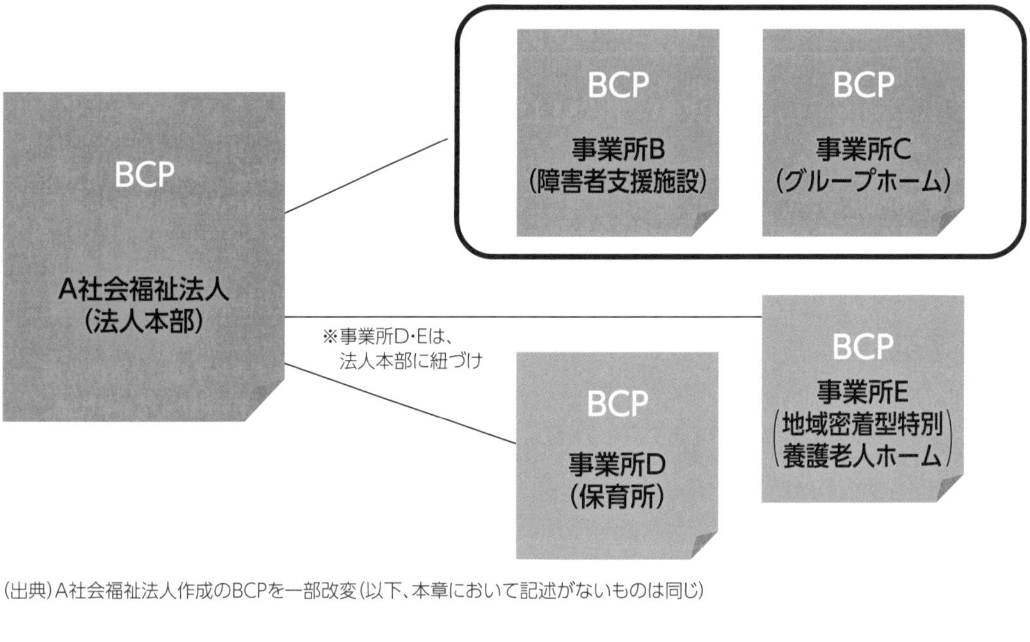

(出典)A社会福祉法人作成のBCPを一部改変(以下、本章において記述がないものは同じ)

図表16　A社会福祉法人推進体制図

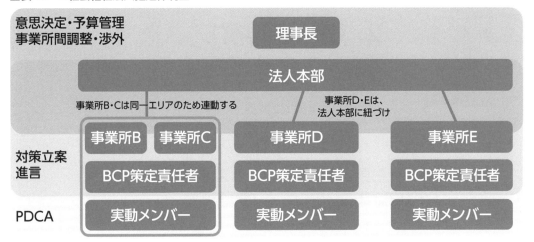

　BCP・BCM の推進体制における役割分担については、職層ごとに役割を定め、組織内への BCP の浸透をめざしています（図表16）。

理事長（法人本部）
　⇒基本方針を示し、外部との交渉、調整をする職層
策定責任者（事業所管理者等）
　⇒ BCP の策定・運用のまとめ役となる職層
策定責任者（事業所管理者等）や実動メンバー※（サービス提供職員）
　⇒実際に教育・研修・訓練（シミュレーション）を実行する職層
　　※プロジェクトチームを編成する。

2. 事業を理解し リスクを把握する

2-1 リスクを把握する（リスクアセスメント）

　A社会福祉法人では、事業所B・C（障害者支援施設・グループホーム）の事業を実施する地域（エリア）において、過去に発生した災害や防災ハザードマップ、あるいは同種別、同規模の事業所等における感染症クラスターの例などをふまえ、自法人・自事業所にどのようなリスクが想定されるかを特定し、共有しました。

　リスクアセスメントにあたり、「要因の想定」と「結果の想定」に分けて考えました。環境としては、事業を継続していく上でより厳しい状況を想定し、具体的には、自然災害の要因想定として、7月（真夏）の夕方から土砂災害が起こりやすくなるといわれる降水量100ミリを超える豪雨の発生（水害）、及び1月（真冬）の夕方に震度6強の地震の発生を設定しています。それにともなう結果としては、豪雨（水害）と地震いずれの場合も、施設北側の土砂崩れ、2日間の停電とガスの停止、法人内各事業所と連絡を取ることができない状態を想定しました。

　その他の災害の要因想定としては、12月に職員1名と利用者5名の新型コロナウイルス感染症の陽性が判明し、その2日後、さらに職員5名と利用者12名が陽性となったことをイメージすることとしました。それにともなう結果想定は、ゾーニング対応ならびに限られた人員体制での感染拡大防止対策と、感染している利用者への対応が求められることとしています。

　さらに、それをリスクアセスメントシートに整理しました（図表17・18）。なお、自然災害と感染症では対応が異なるため、リスクアセスメントシートは分けています。

図表 17　A社会福祉法人のリスクアセスメントシート（災害例）　　　　　作成：○○年○月○日

施設・事業所名	事業休止可能日数	発生する確率の高いリスク				リスクに対する脆弱性		影響度	リスク対応策	暫定コスト	費用対効果	採否
		地震	水害	風害	その他	資源を取り巻く環境	現状での対策					
事業所B（障害者支援施設）	0日	○	○			想定外の雨量により、施設北側が土砂崩れを起こすことも考えられる	非常災害対策計画を策定	大	○○町防災ネットワークの構築			
事業所C（グループホーム）	0日	○				事業所B（障害者支援施設）から9km離れており、大規模災害が発生すると、単独での事業継続は難しい	事業所B（障害者支援施設）と連携して対応する	大	BCP、非常災害対策計画の共有			

図表 18　A社会福祉法人のリスクアセスメントシート（感染症例）　　　　　作成：○○年○月○日

施設・事業所名	事業休止可能日数	発生する確率の高いリスク				リスクに対する脆弱性		影響度	リスク対応策	暫定コスト	費用対効果	採否
		地震	水害	風害	その他	資源を取り巻く環境	現状での対策					
事業所B（障害者支援施設）	0日				新型コロナウイルス等感染症	新型コロナウイルス等の感染症が施設内で発生した場合、集団感染は不可避	感染症対策マニュアル等に基づき対応	大	感染症対策マニュアル、感染症対策計画による予防の徹底 発生時の感染拡大防止 マニュアル等の改訂 感染症対策研修の受講			
						職員に感染が拡大した場合、出勤停止で支援が滞る	職員行動指針等に基づき体調管理 業務縮小体制に基づいた対応	大	感染症の正しい理解及び予防対策の徹底 行政や関係機関等の各種通知や情報の熟読			
						感染症発生に際し、どのように行動したらよいか不安や迷いが生じる	国等の通知に基づき行動 職員行動指針に基づいた行動 保健所の指示に基づいた行動	大	新しい情報の取得 社会情勢の理解 全国・地域の感染状況の把握			
						衛生用品が不足する	備蓄品にて対応	大	備蓄品の管理（マスク、アルコール、ガウン、ゴーグル等）	衛生用品一式 100,000円		
事業所C（グループホーム）	0日				新型コロナウイルス等感染症	事業所B（障害者支援施設）から9km離れており、感染症が流行すると、単独での事業継続は難しい	事業所B（障害者支援施設）と連携して対応する	大	感染症対策マニュアル等による予防対策の徹底			

2-2　優先事業・優先業務を選定する

　A社会福祉法人では、入所事業所を母体に様々な事業を実施しており、すべてを一度に復旧することは難しいことから、優先的に復旧する事業を決めていくこととしました。対象とする利用者の状況、財務リスクや施設の設備、資源、規模などを含めて総合的に考え、入所・居住系サービスの優先度を高く設定しました（図表 19）。

　入所・居住系のサービス、つまり障害者支援施設やグループホームを基幹事業として優先させ、在宅系サービス、デイサービスなどの機能を代替することとしました。一概に在宅系のサービスを休止するのではなく、入所・居住系のサービスにおいて、どのように在宅系のサービスの補完的な機能を担えるのかを検討しています。

　つまり、在宅系サービスとどのように連携するのか、ハードあるいはソフト面でどのような協力ができ、サービスの機能や収入等をカバーしていけるのかという考え方です。

　優先業務においては、ボトルネック資源を特定したあと、実際に BCP を策定するプロセスにおいて、優先業務リストを作成することとしています（51 頁「 **3** 3. 3-4　サービス提供における優先（重要）業務の選定」参照）。

図表 19　A社会福祉法人の復旧にかかる優先事業

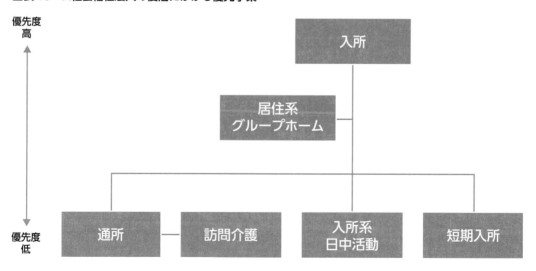

2-3　ボトルネック資源を特定する

　続いて、リスクアセスメントをふまえて、優先事業・優先業務の継続を困難にし、復旧を長引かせる原因となる重要要素（ボトルネック資源）が何かを特定しました。

　ボトルネック資源としては、主に事業継続・復旧に向けて優先度が高いのは「人」「物」「情報」「金」の順で、1つめの「人」は、利用者や施設・地域を支える「職員」です。

　2つめの「物」は、利用者の生命・生活を守るために必要となる「場所」「ライフライン（電気・ガス・水道・インターネット）」「食材」「備品（おむつや薬など）」です。特に、「物」においては、単にボトルネック資源を特定するだけでなく、災害が起きた際に使用ができなくなる恐れがどのくらいあるのか、復旧までどのような対応ができそうかなどを想定しなければなりませんので、その視点については、実際にBCPを策定するプロセスとして、リスクと対応の想定シートを作成しています（48頁「3 3.3-3　リスクと対応の想定」参照）。

　3つめの「情報」においては、様々な情報があるなかで、特に事業継続・復旧に向けて外部機関と迅速かつ正確な情報共有を図る視点が大切だと考えています。実際にBCPを策定するプロセスとして、56頁「3 3.3-6 業務復旧に向けた連携機関の整理・確認」で紹介する連携機関シートを作成します。

　4つめの「金」は、もちろん物品等の調達や、職員への給料を支払う際の資金として必要になりますが、特に災害により建物の損壊などが起きた場合の復旧にかかる資金をどのように賄うかを考えておきます。

　災害の種類や被害の規模などによって異なるものの、国の補助金制度や介護・障害福祉サービスにかかる報酬の臨時的取り扱いなど、過去に起きた災害の事例なども参考に、あらかじめ行政などと確認しておくことが必要です。

3. BCPを策定する

3-1　職員の安否確認基準、参集基準の検討

　ボトルネック資源の1つめである「人」、つまり「職員」の安否と出勤の可否等を確認する手段を決定します。

　まずは、災害時などの緊急時に連絡を受ける、あるいは職場に連絡を入れることをイメージしました。その際は、携帯電話の充電が10％を切った状態での連絡、家族の安否確認や保育所に子どもを預けている場合のやりとりなども想定します。平成30年7月豪雨（西日本豪雨）や令和2年7月豪雨（九州各所での広域的な豪雨［風水害］）の際は、携帯電話やインターネットの基地局が被災したため、携帯電話そのものが機能しなかったことがあります。

　厚生労働省のガイドラインにおいても、「災害時は通信網の麻痺などにより、施設から職員への連絡が困難になるため、災害時に通勤可能か、また災害時の通勤所要時間等も考慮しつつ、職員が自動参集するよう予めルールを決め、周知しておく」ということが示されていました。

　このように限られた時間、電源・電波のなかで、効率的かつ効果的な連絡手段のためのルールを決めておくこと、さらに、最悪のケースを想定し、複数の手段を検討しました。

　そこで、職員安否確認の基準・手段・通知事項を明確にしました（図表20）。その視点をもとに、リスクが発生した場合の安否確認基準、最悪のケースを想定した複数の安否確認手段や通知事項を設定しています（図表21）。

　一方、厚生労働省のガイドラインには、「参集しなくてよい状況」を明確に定め、職員を危険にさらしたり、参集すべきかを悩んだりすることのないような配慮や、24時間ケアを実施する入所施設において、災害が「日中に発生した場合」と「夜間に発生した場合」に分けて自動参集基準を定

図表 20　職員安否確認の基準・手段・通知事項の視点

基準	・どのような事象において連絡が必要か ・緊急事態への出勤の可否 ・職員本人や家族の状態（感染症の場合）
手段	・どのような方法で連絡をするか ・様々な事象に備え、複数の確認手段を検討する
通知事項	・職場へ何を伝えればよいか ・どのような事項が必要か

(出典)全国社会福祉法人経営青年会作成「BCP解説動画シリーズ③ 各論編」をもとに一部改変

図表 21　A社会福祉法人における安否確認の基準・手段・通知事項

安否確認基準

➢ 震度6弱以上の地震が発生した場合
➢ 避難指示以上の警報が発令、もしくはそれに近い大規模な災害が発生した場合
➢ 職員及び家族等において、感染症陽性者または濃厚接触者(疑い含む)等が発生した場合(出勤の可否は保健所の判断、指示に従う)
➢ その他、本部長または代行者が必要と判断した場合

安否確認手段

➢ 固定電話による通話連絡
➢ 携帯電話による通話連絡
➢ 携帯電話によるメール連絡(入院時等を想定)
➢ 各事業所のメールアドレスに安否確認のメールを送信
➢ 携帯電話の災害用伝言板サービス
➢ 災害用伝言ダイヤル
➢ 公衆電話回線による通話連絡
➢ 直接移動して口頭連絡

安否確認時通知事項

➢ 名前
➢ 現在の居場所
➢ 自身の状況(怪我等の状態等)
➢ 被害状況(自宅及び周辺の状況)
➢ 家族の安否
➢ 出勤の可否(翌日以降も含む)
➢ 次の行動予定(避難所に移動等)
➢ 本人ならびに家族等の行動歴、体調の確認、把握

めるとよい、ということも示されており、これらを参考に基準の設定を検討しました。

3-2 緊急時職員参集と災害対策本部設置体制の構築

続いて、大規模な災害や感染症等が発生した際に、優先して参集する職員を決定します。その際、次のような事項も考慮しました。

- 初動対応は、災害対応マニュアルや感染症対策計画などに基づく活動になる。初動後は、事業復旧と事業継続体制を位置づけることが求められる。
- 職員参集の後、災害対策本部を設置する場合、緊急対応を要するため、責任と同時に権限が付与されることから、平時とは異なる情報収集や迅速な意思決定が求められる。
- 理事長や施設長不在時に対応が求められることもある。例えば、震度6強の地震により、施設のライフラインが寸断した状況で、施設長が不在のなか、職員が避難からその後の事業継続に取り組むこともある。
- 災害の状況によっては出勤できない可能性や、感染症の場合は感染していることもあり得るため、複数名の職員を配置することや、代行者を立てることもある。
- 事業継続に向け、意思決定と行動ができるよう、平時からの体制づくりと訓練が必要である。

発災時、平時とは異なる情報収集や迅速な意思決定・指揮命令系統を可能とすべく、災害対策本部体制を構築しました。その際、主な役割を担うメンバーとしては、事業所内の中核を担う職員、各部署の責任者や防災の担当者を中心に構成するようにしました。

役割を考える際、緊急時であっても円滑に動けるよう、できる限り通常の職務に関連づけることとしました。また、重要な役割については、意思決定ができ、かつ事業所の中心となる職員を位置づけました（図表22）。

図表 22　A社会福祉法人の緊急時職員参集と災害対策本部体制リスト

No	氏名	緊急連絡先	通勤手段	非常時参集の可否	災害対策本部設置時役割	役割代行者	内容
			通勤時間	参集時間（目安）			
1	A	△△△△△	自家用車	○	本部長	C	対策本部に関するすべての責任と権限をもつ
			30分	1時間			
2	B	△△△△△	自家用車	○	法人連携	C	法人及び、法人内各事業所との情報共有、連絡調整、マスコミ等に関する責任と権限をもつ
			40分	2時間			
3	C	△△△△△	自家用車	○	本部長代理	D	本部長を補佐し、本部長に事故ある場合の代理となる
			15分	30分			
4	D	△△△△△	自家用車	○	事務局	C	対策本部の運営事務、進行管理とプランニング、各責任者間の調整、重要取引先や利用者、家族、他事業所、業務委託先等への情報発信、物資の調達、手配、予算管理、安否確認、従業員への情報伝達についての責任と権限をもつ
			5分	10分			
5	E	△△△△△	自家用車	○	安全確保、ゾーニング対応	F	消火活動や防火活動、設備の緊急停止、危険物の漏洩、流出防止等を含む、利用者や職員等の安全確保に関する責任と権限をもつ　感染拡大防止と外部支援者受入に向けた事業者内区分けを行う
			20分	40分			
6	F	△△△△△	自家用車	○	施設内業務	E	利用者支援及び行政ならびに関係機関との連絡、指示、応援派遣の受入窓口、情報共有、建物、設備の点検、被害状況の確認等に関する責任と権限をもつ
			5分	10分			
7	G	△△△△△	自家用車	○	施設内業務（利用者）		利用者の支援方法に関する責任をもつ
			10分	20分			
8	H	△△△△△	自家用車	○	施設内業務（利用者）		利用者の支援方法に関する責任をもつ
			15分	30分			
9	I	△△△△△	自家用車	○	施設内業務（備品）		備蓄品や設備の在庫管理や使用管理等を行う
			30分	1時間			
10	J	△△△△△	自家用車	○	通所業務		通所利用者の利用調整や他事業所との連携を図る
			15分	30分			
11	K	△△△△△	自家用車	○	通所業務		居宅やグループホーム利用者の利用調整や連携を図る
			30分	60分			
12	L	△△△△△	自家用車	○	医療		利用者の健康管理や医療機関との連携を担う
			20分	40分			
13	M	△△△△△	自家用車	○	食材		施設や利用者の状況に応じた食支援を行う
			15分	30分			

図表 23　A社会福祉法人の災害対策本部設置体制図

設置区分	災害の状況及び基準					対策本部発動権限
第1段階	・国内で危機的な事象が発生し、必要資源の調達ができないなど、事業運営に支障を来すことが懸念される場合 ・県内で大規模な災害が発生した場合 ・感染症においては感染レベル1の場合(地域未発生期) 　⇒海外で新型コロナウイルスが発生しているが、国内では発生していない状態					災害対策本部事務局が対策本部長に進言
第2段階	・震度6弱以上の地震が発生した場合 ・事業区域で避難勧告が出た場合 ・関係機関から要請があった場合 ・感染症においては感染レベル2の場合(地域発生早期) 　⇒国内で新型コロナウイルスが発生しているが、患者の接触歴を疫学調査で追える状態					エリア災害対策本部長または代行者
第3段階	・震度6強以上の地震が発生した場合 ・事業区域で特別警報が出た場合 ・事業区域で避難指示が出た場合 ・感染症においては感染レベル3の場合(地域感染期) 　⇒国内で新型コロナウイルスが流行し、患者の接触歴を疫学調査で追えなくなった状態					エリア災害対策本部長または代行者 非常時は担当者が自動参集
BCP発動基準: 以下の基準に基づき、災害対策本部長または代行者が発動を宣言する。						
災害や感染症等の発生により、通常の業務が稼働困難となり、利用者の生活に支障が出た場合、またはその想定がされる場合、状況に応じて発動。						
設置場所	第1候補	事業所A	第2候補	事業所A別棟(通所、食堂、活動棟)		第3候補	
責任者	本部長	B	携帯番号:△△△△△△	安全確保・ゾーニング対応	F	携帯番号:△△△△△△
	本部長代理	C	携帯番号:△△△△△△	施設内業務	G	携帯番号:△△△△△△
	事務局	D	携帯番号:△△△△△△	食材	H	携帯番号:△△△△△△
	法人連携	E	携帯番号:△△△△△△	医療	I	携帯番号:△△△△△△
必要備品	車両、電話機、携帯電話、FAX、PC(メール、ネット機能)、ホワイトボード(1台)、机、マーカー、文具、記録用紙、テレビ、ラジオ、医薬品、備蓄食料、BCP関連マニュアル、利用者台帳、マスク、消毒液、体温計、石鹸、うがい薬					
その他	電気、電話、水道、ガス、インターネット通信環境、トイレ、通気・換気設備、飲食・仮眠用スペース					

　災害対策本部の設置基準については、地域や事業所内での災害や感染症のフェーズごとに設置基準・発動権限を設定することが効果的であることから、法人や事業所の考え、あるいはリスクに応じて複数のパターンやフェーズに応じて検討しました。具体的には、想定されるリスクに基づくような危機的事象が発生した際、どのような事象が発生したら、誰が災害対策本部を設置するのかという基準を明らかにしました（図表23）。

　災害対策本部設置基準とBCP発動基準は、必ずしも同じ内容にする必要はなく、あえて発動基準を別とする場合や、災害対策本部が自動設置となった場合にBCPも自動的に発動させる、といった基準とすることも考えられます。

図表24　災害対策本部の主な役割（例）

役　割	内　容
災害対策本部長 （全体意思決定者）	指揮命令のトップ。 災害対策本部に関するすべての責任と権限をもつ。
本部長代行者	本部長を補佐し、本部長に事故がある場合の代理となる。
事務局	災害対策本部の運営事務、進行管理、プランニング、各責任者間の調整、物資の調達と手配、予算管理、安否確認、職員への情報伝達などの責任と権限をもつ。
外部渉外	重要取引先や利用者、家族、業務委託先等への情報発信、行政及び関係機関との連絡、指示、応援派遣の受入窓口、情報共有、マスコミ等に関する責任と権限をもつ。
ゾーニング対応	感染拡大防止と外部支援者受け入れに向けた事業所内区分けを行う。
施設内業務	備蓄品や設備の在庫管理や使用管理等を行う。

※その他、食材管理や医療、設備管理など、法人や事業所の実態に即し、任命する。
※業務委託先等との役割分担や責任の所在、備え等も明確にしておく。

(出典)全国社会福祉法人経営青年会作成「BCP解説動画シリーズ③ 各論編」

　なお、その発動基準は、重要業務への影響度合いといった、状況による判断と事象の発生による判断の双方で決定するため、具体的には、基幹事業によるサービスの提供ができなくなる事態が発生した場合にBCPを発動させるといったことや、新型コロナウイルス感染症によるクラスターが自施設・事業所内で発生した場合に自動的に発動させることなどを検討しました。

　BCPの発動権限については、「災害対策本部長」を権限者とすることが一般的ですが、「災害対策本部長」が不在となる場合を想定して、代行者等をあらかじめ定めておきました（図表24）。

　危機的事象の例としては、事業実施エリアにおいて、震度6弱以上の地震が発生した場合や、地域内の学校等も含む施設において、新型コロナウイルス感染症のクラスターが発生した場合などです。

3-3　リスクと対応の想定

　リスクアセスメントで設定した影響に対して、想定リスクが事業継続にどのような支障を来すのか、あるいは、ボトルネック資源にどのような影響を与え、どのような対応が必要となるのかを、より具体的に整理しました。その際のポイントとしたのは次の(1)～(4)の4つです。

(1)　結果想定にともなう事業への影響を考える

　事業への影響を考える上で、使用不可になるもの、あるいは、対応が困難となる事項、代替品・代替策を考えました。

　その際に、備品や機材など必要な物は何であるか、あるいは職員体制の縮小にともない、業務をどのように回すかなど、事業への影響を様々な角度から洗い出していきます。

　図表25にあるように、もし、ライフラインである「電気」が使用不可になってしまった場合、ナースコール、エアマットや電動ベッドなどが使用できなくなります。そうなると、例えば、入所施設の利用者の生活において、発災時は、特に心身が不安定な状況に陥りやすくなることが懸念されますので、緊急時においても心身の状況をいち早く察知するために、平時よりも時間を意識し、巡回や体位変換などを定期的に行うこととしています。

(2)　大掛かりな資金を投じる事項を事業計画や中長期計画へ盛り込む 　　 (理事会等へ諮る)

特に、設備投資をともなうものや、施設長の決裁権を越える大型機材、自家発電装置の整備などには大掛かりな資金を投資することが必要と考えます。例えば、自法人では特に施設の建物において、耐震工事を実施するなど、中長期的な建物の修繕計画を立てている場合などです。このように、事業継続に向けて必要な経営資源を確保するために、複数年にわたり継続して積み上げて整備するものが発生するため、その都度、法人において対応を協議し、承認を得ていきます。

図表 25　A社会福祉法人のリスクと対応の想定（災害例）

項目	使用不可となるもの（場所）	復旧までの期間	対応・代替策	具体的方法（復旧方法・手順・その他）
建物	活動棟	1週間〜1か月	事業所B（障害者支援施設）本体でカバー	修繕
	事業所C（グループホーム）	1週間〜1か月	事業所B（障害者支援施設）本体でカバー	修繕
	事業所B（障害者支援施設）	3か月〜6か月	D町社協及び町内他法人他施設	修繕
電気	ナースコール	電気が復旧するまで	定時巡回、把握強化	
	エアマット	電気が復旧するまで	定時体位変換	
	電動ベッド	電気が復旧するまで	手動ベッド使用	
	冷蔵庫（厨房）	電気が復旧するまで	献立変更	
	ボイラー	電気が復旧するまで	入浴中止（清拭等に変更）	
	特浴	電気が復旧するまで	清拭等に変更	
	トイレ	電気が復旧するまで	水の汲み置き	
	照明	電気が復旧するまで	懐中電灯、ろうそく使用	
	厨房	電気が復旧するまで	調理方法の変更	
	空調	電気が復旧するまで	衣類等調整	
	通信機器	電気が復旧するまで	携帯電話活用	
水道	トイレ	電気が復旧するまで	水の汲み置き	
ガス	コンロ	ガスが復旧するまで	カセットコンロ、バーベキューコンロ使用	
	炊飯器	ガスが復旧するまで	カセットコンロ、バーベキューコンロ使用	
	洗濯乾燥機	ガスが復旧するまで	外干し	
備品	トイレットペーパー	物流が安定するまで	おしりふき、清拭タオル使用	
	おむつ	物流が安定するまで	在庫活用、業者から融通	
	薬		嘱託医、薬局から融通	
食材		物流が安定するまで	取引業者から融通	
職員			勤務調整、日課変更	
車両			送迎ルート調整、相乗り	

(3)　結果想定を参考にインフラやライフラインへの影響を考える

　どのようなリスクだと、インフラやライフラインに影響が生じるのか、具体的なイメージをもって考えていきます。そのためにもリスクアセスメントでイメージした結果想定を再度、確認しておくことが必要です。

　例えば、ライフラインの「ガス」が使用不可になった場合、コンロや炊飯器などが使用できない状況が続くことを想定すると、食事をつくること

図表 26　A社会福祉法人のリスクと対応の想定（感染症例）

項目	リスク	対応	リスク消滅までの期間
施設内	支援員の感染	勤務調整、業務縮小、優先業務の実施	2週間〜1か月
	看護師の感染	勤務調整、電話等による業務の共有、法人内部または外部の看護師の派遣、保健所、B町との連携	
	調理職員の感染	勤務調整、支援員の応援、備蓄品活用、弁当手配、簡易メニューへ変更、簡易献立表活用（2週間×2回分）	
	利用者の感染	感染症対策計画及び感染症対策マニュアルに基づく対応、予防	
	衛生用品の不足	備蓄品使用（新型コロナウイルスをふまえ、1か月は自己完結で対応できるように購入）	
	外出・行事	中止、代替案	
	通院	必要最低限の通院に限定、別紙「医療機関電話・オンライン診療可否」活用（※）	
	内部研修・会議	中止または感染予防に努め実施（Web会議システム等の活用）	
	ゴミ処理	ゴミの分別、医療ゴミ等適切な処理、別紙「ゴミの処理方法」活用（※）	
	職員が帰宅困難になる	宿泊場所の提供、体調管理、別紙「職員の宿泊場所の提供」活用（※）	
	連絡調整等を行う事務局用の会議室確保	集会室または相談室を提供	
外部	面会者	感染レベル1では感染症対策計画に基づき対応し、感染レベル2からは原則禁止とし、希望があれば電話やPCを用いてオンラインでの面会実施、「参考様式3」活用（※）	
	連携クリニックの休診	電話・オンライン診療を実施	
	取引業者	玄関口での納品、「参考様式3」活用（※）	
	業務用食品会社の配送停止	備蓄食材の使用、近隣スーパーへの買い出し・配送依頼、献立の検討、基本的に配送停止のリスクは低いが万が一の時は宅配業者が配送、「参考様式3」活用（※）	
	理髪店	中止、個別対応	
	実習・ボランティア	受け入れ中止	
	外部研修	主催者に確認（原則中止）	
	通所利用者	感染症対策計画及び感染症対策マニュアルに基づく検温等、体調の把握を徹底「参考様式1」活用（※）	
	送迎	感染症対策計画に基づき対応	
	短期入所・日中一時	利用制限、代替案の検討	
	職員（家族）からの感染	検温等、体調の把握を徹底、職員検温表、行動履歴、接触者管理表活用	
	地域流行時における学校や学童等の閉鎖	活動棟等を開放し、家族を受け入れ、職員家族体温記録表活用	
	風評被害	状況の整理、情報の共有（対応窓口）	

（※）A社会福祉法人独自の資料のため本書には掲載なし

もできなくなってしまいます。食事においては、食材の確保はもちろんのこと、調理する手段がなければどうにもならないので、例えばガスが使用不可になった場合の代替としてカセットコンロを常備しておく、などとしています。

カセットコンロ以外にも、ライフラインが遮断されてしまった場合の代替品においては、備蓄品として管理が必要なため、その際のポイントは58頁「 3 3. 3-7 備蓄品の在庫管理」で紹介します。

⑷　ボトルネック資源の観点から、事業所内部・事業所外部の両面から業務継続における課題を検討する

自然災害が発生した際、事業所内のみならず、法人本部、あるいは業務委託先業者などの出入り業者とも連絡が取れなくなることがあります。

A社会福祉法人では、平時から連携している業者や機関と発災時のケースを共有しています。利用者のおむつなどの備品を例にとると、物流が止まってしまい、その後安定するまでは、備蓄品の活用に加えて、取り引き業者から優先的に受け取ることのできるよう、協力的な対応をお願いしています。

これは、あくまでボトルネック資源となる「物」の例ですが、自然災害や感染症が発生した際の対応などにおいて、ボトルネック資源となる「人」「物」「情報」の観点からどのような対応が必要なのかを検討することが重要です（図表26）。

3-4　サービス提供における優先（重要）業務の選定

リスクと対応を想定し、より具体的な業務に結びつけていくため、サービス提供における「優先（重要）業務」を検討しました。職員の出勤状況や被害状況などに応じ、あらかじめ業務の優先度を決めておくことで、業務縮小時におけるサービスの継続性につながります。優先業務検討の手順は次のとおりです。

① 業務を洗い出す
② インフラやライフラインなどの経営資源に支障が出た「結果」を
イメージし、重要な業務を「◎」、次いで「○」「△」「×」をつけ
る
③ サービスレベルを検討する。時間、回数やサービスの質などとも
関連させる
④ 重要度の高い業務を必要な限り継続させるため、代わりの方法を
考えたり、簡易化したり、回数を減らしたりといった対応を優先
(重要) 業務リストにまとめる (図表27)

　優先業務の選定に関しては、各法人の実施事業と対象利用者、あるいは
地域性、想定リスクにより大きく異なるので、どの程度であれば許容でき
るのかを話し合って決めていくことが大切であると考えます。

3-5　目標復旧時間の設定と対応

　続いて目標復旧時間の設定と対応を検討しています。

　自然災害や感染症が発生し、サービスレベルが落ちてしまったとしても、
低いままにならないように、いつまでに本来のサービスレベルに戻すのか
という目標を設定することが重要であると考えています。

　目標復旧時間を設定する目的は、復旧計画の具体性と実効性を示し、
BCP策定上の課題を明確にすることです。そこで目標復旧時間の設定にあ
たっては、利用者にとって生命・生活に対する影響度合いがどの程度にな
るか、職員にとって「雇用」をきちんと担保できるか、といった視点で考
えました。さらに、収入面への影響も考えなければならないため、事業を
停止すれば、基本的には収入の減少が考えられることからも、収入の視点
もふまえて目標復旧時間や復旧に向けた対応を定めました (図表28)。

　そして、これらの視点に基づき、職員の出勤割合やサービス提供割合に
応じた具体的な業務日課を作成しました (図表29)。特に、感染症の場合
は、感染者の人数によって感染者対応職員を増員しています。

　リスクと対応の想定、サービス提供における重要業務、目標復旧時間の

図表27　A社会福祉法人の優先（重要）業務リスト

業務	重要な業務	サービスレベル					重要業務の優先の程度(度合い)	必要資源				
		時間	対象者	回数	質	他		人材	電気	水	物資	他
食事・補水	◎	朝、昼、夕	全員	3回	保管食材、備蓄食品。既存食材と非常期間をふまえた献立の再編	嚥下障害者（ミキサー・キザミ食）対応あり	○	支援員	ミキサーなど電化製品使用不可	補水用	カセットコンロ、使い捨て食器、包装用フィルム	
排泄	◎	定時／本人の訴えに応じて	全員	数回	可能な限り通常どおり。紙おむつ使用もある		○	支援員	夜明け以後	トイレを流す、陰部洗浄用	ウエットティッシュ（寒冷時には加温措置）	
体位変換	◎	随時	必要者	2時間に1回程度	エアーマット利用者の体位変換が増える	マット使用も可能	○	支援員	エアーマット使用不可		代替用マット	
巡回	◎	夜	全員	2時間に1回程度	コール使用ができないことによる巡回強化		○	支援員	コールは非常用電源に接続していない			
洗顔、整髪、髭剃り、口腔ケア	○	日中	全員	1回	ウエットティッシュで洗顔。簡単な整髪。義歯の装着。歯磨きなど口腔ケア		△	支援員		歯磨き用	ウエットティッシュ（寒冷時には加温措置）	
離床	○	日中	自立者	1回	無理に離床をすすめないこともある		△	支援員				
移動	○	日中	車いす、介助歩行者	数回	介助歩行の方も車いすにて移動してもらう		△	支援員				
保清	○	日中	全員	汚れたとき	アルコール洗浄剤・清拭剤等で対応		△	支援員			ウエットティッシュ、アルコール洗浄剤、清拭剤等	
送迎	○		通院必要者	随時			△	支援員			車にガソリン備蓄	
更衣	△		必要者	汚れたとき			△	支援員				
入浴	△	日中	全員				×	支援員				
調理	◎	朝、昼、夕	全員	3回	保管食材を簡易調理、備蓄食品の加温		○	栄養士、調理士	日中に調理、電化製品使用不可	調理用具の洗浄用		
栄養管理	◎		必要者	3回	糖尿、経管等		○	栄養士				
健康管理	◎	朝、夜、随時	必要者				○	看護師、支援員				
温度管理	◎	熱暑・寒冷時	全員				○	支援員	ボイラー等不可	冷却用水等	ストーブ、毛布、冷却枕等備蓄	
消毒・換気・加湿	◎	随時		5回			○	支援員				
清掃	○	日中	必要場所	数回	掃き掃除のみ		△	支援員	掃除機使用不可	掃除用		
シーツ交換	○		必要者		汚れた場合のみ		×	支援員			交換用シーツの備蓄	
相談・助言	○	家族を含め、可能な限り対応	必要者	毎日			△	支援員	日中のみ			災害時優先電話
洗濯	△	随時	必要者	随時	失禁時など		×	支援員				

◎:最重要、○:高、△:中、×:低

図表 28　A社会福祉法人の目標復旧時間の設定と対応

事業名	中断期間	サービスへの影響	収入への影響	復旧に向けた対応	目標復旧時間
入所部門	24時間以内	大	小	復旧のための情報収集が必要。利用者の生命へ影響が生じない限りサービスの提供は続ける。状況に応じて他の在宅サービス部門の受け皿としても機能させる。	1時間で30%まで24時間で50%まで
	3日	大	小		
	5日～1週間	大	中		
	2週間	大	大		
	1か月	大	大		
	1か月以上	大	大		
通所部門	24時間以内	中	小	利用者がいる場合には入所と同等の機能。受けきれない場合や設備不備、家族の事情に応じ、入所部門と連携する。状況に応じ24時間対応に切り替える。感染症の場合、消毒や経過観察のため、一旦事業を停止し、その後、分散利用や代替支援とする。	停止の場合、極力3日以内に復旧
	3日	大	中		
	5日～1週間	大	大		
	2週間	大	大		
	1か月	大	大		
	1か月以上	大	大		
相談部門	24時間以内	中	小	独居及び在宅者等、優先順位ごとに対応する。サービス利用中の方には事業担当者と連絡を取る。チェック表を自宅へ設置し、他のサービス事業者と情報共有。	要配慮世帯は即座に安否確認の他、必要に応じスポット対応
	3日	大	小		
	5日～1週間	大	小		
	2週間	大	小		
	1か月	大	小		
	1か月以上	大	中		

設定と対応をふまえて、いくつかの段階やパターンで業務日課表を作成しておくと、いざというときの有効性が高まり、職員も安心して業務が遂行できます。

　厚生労働省の「新型コロナウイルス感染症発生時の業務継続ガイドライン」では、感染者が出た場合の業務内容の調整として、「事業所内で対応可能な職員が減少した場合に備え、最低限の人数で業務を遂行するシフトに移行するため、平時から事業所内職員の対応能力等を評価・分析しておく」ことが示されています。そこで限られた人員体制のなかで、提供可能なサービス、ケアの優先順位を検討することや、業務の絞り込み、あるいは業務手順の変更について検討することを考えました。

図表 29　A社会福祉法人の業務日課表（感染症発生時例）

時間	日課	A1	A2	B1	B2	B3	B4	C1	C2	B 9:00-21:00 感染者対応	D 21:00-9:00 感染者対応	備考
5:00		見回り	見回り									PPEを着用し支援にあたる。
5:30												
6:00											起床介助	
6:30											検温	利用者の体調により無理には離床させない。基本的には静養。更衣は汚れているときのみ。清拭時に更衣を行う。
7:00				起床介助	起床介助							
7:30												
7:45												
8:00				食事準備	食事準備							
8:15	朝食	朝食介助	朝食介助	朝食介助	朝食介助						朝食介助	献立は簡易メニューに変更。食事は居室で順番に対応する。
8:30				排泄	排泄						排泄	
9:00												
9:30		引き継ぎ	引き継ぎ	換気	換気	引き継ぎ	引き継ぎ			引き継ぎ	引き継ぎ	
10:00				施設内消毒	施設内消毒	検温	検温			検温		
10:30				排泄(清拭)	排泄(清拭)	排泄	排泄			排泄		
11:00										消毒		
11:30				昼食準備	昼食準備							
12:00	昼食			昼食介助	昼食介助	昼食介助	昼食介助			昼食介助		
12:30												
13:00	入浴			排泄	排泄	排泄	排泄			排泄		
13:30	（清拭）			清拭	清拭	清拭	清拭			清拭		
14:00												
14:30	水分補給			水分補給	水分補給	水分補給	水分補給			水分補給		平時のティータイムはなし。水分補給のみ。
15:00				排泄	排泄	排泄	排泄			排泄		
15:30				検温	検温	検温	検温			検温		
16:00				1階把握	2階把握	記録	記録					
16:30						引き継ぎ	引き継ぎ	引き継ぎ	引き継ぎ			
16:45						洗濯	洗濯					
17:00								排泄	排泄			
17:15						夕食準備	夕食準備					
17:30						夕食介助	夕食介助			夕食介助		
17:45	夕食							夕食介助	夕食介助			
18:00						排泄	排泄	排泄	排泄	排泄		
18:30						就寝介助	就寝介助	就寝介助	就寝介助	就寝介助		
19:00								検温	検温	検温		
19:30												
20:00												
20:30										引き継ぎ	引き継ぎ	
21:00	消灯							見回り	見回り		見回り	重症者については1時間ごとに巡回（検温、バイタルチェック）。
22:00											洗濯・消毒	
23:00								見回り	見回り		見回り	
1:00								見回り	見回り		見回り	
3:00								見回り	見回り		見回り	

※感染者の人数によって感染者対応職員を増員する。
※感染症対策計画と連動して実施する。

3-6 業務復旧に向けた連携機関の整理・確認

　業務復旧に向けた連携機関の整理・確認を行いました。

　取引業者が事業をストップすれば、物資等の供給が困難になります。そのようなときに経営資源である「物」をどのように調達するのかについて、取引業者が自然災害や感染症の発生時にどのような対応をとるのかをふまえて考えています。

　具体的には自法人・自施設の取引企業や業務委託先のリスト化を行います（図表30）。連絡手段、連絡内容や担当者等を明確にし、例えば、調理、清掃や洗濯などの業務を委託している場合、自然災害などの緊急事態が発生した際にどのように対応していくのか、新型コロナウイルス等の感染症が発生した際、ごみの収集や医療廃棄物の回収をどのように行うのかなど、平時から取引業者を含めた話し合いを行います。

　また、自然災害による被害状況や感染状況の報告、支援物資等の依頼等の観点から、行政の担当者や所属している団体の事務局などもリスト化します。そうすることで、災害時、担当する職員以外でも状況を把握しやすかったり、逆に法人から発信できるといったメリットがあります。

　緊急時は、即時の判断等が求められます。そのため、決裁権を有する行政等の管理職との協議が必要なケースが発生するので、担当者と合わせてリストに盛り込んでおきます。さらには、建物が使用できない場合の代替避難先や協力関係にある他法人の事業所、医療機関等もリスト化しておきます。

　他法人、他事業所との連携については、各県の社会福祉法人経営者協議会や社会福祉法人経営青年会などのネットワークはもちろん、所属している種別協議会等の団体がもつネットワークについても、いざというときに活かせるようにするとよいと考えています。

　厚生労働省のガイドラインでは、「平時から他施設・他法人や所属している団体との協力体制を築くことが大切」とされており、連携先と連携内容の協議や今後の計画の作成、あるいは、連携協定書の締結などを検討することが求められています。

図表30　A社会福祉法人の業務復旧に向けた連携機関シート

分類	企業名	機能復旧のための役割	対応策	担当者名	電話番号	FAX	担当者携帯番号	E-mail
取引先	B社	必要食材の搬入		a氏	○○○○	○○○○		○○○○
	C屋	必要備品、設備		b氏	○○○○	○○○○	○○○○	○○○○
	JA-SS-D	燃料補給	車両などの優先給油		○○○○	○○○○		
	E商事	燃料補給	車両などの優先給油		○○○○	○○○○		
	Fガス	ガスの復旧			○○○○	○○○○		
	Gガス	ガスの復旧			○○○○	○○○○		
	Hエレベーター	修理、復旧			○○○○	○○○○		
	I電気保安協会	電気設備の点検			○○○○	○○○○		
	J電気	電気設備修理		c氏	○○○○	○○○○		○○○○
医療機関	Kクリニック	嘱託医		d氏・e氏	○○○○	○○○○	○○○○	○○○○
	L病院	医療機関			○○○○	○○○○		
	M病院	医療機関		f氏	○○○○	○○○○		
	N記念病院	医療機関			○○○○	○○○○		
	Oクリニック	医療機関			○○○○	○○○○		
	P薬局	薬局			○○○○	○○○○		
	Q薬局	薬局			○○○○	○○○○		
他法人	R会	協力法人		g氏	○○○○	○○○○	○○○○	
	S協会	協力法人		h氏	○○○○	○○○○		
	T学園	防災ネットワーク		i氏	○○○○	○○○○		○○○○
行政	U町健康福祉課			j氏	○○○○	○○○○		
	V県障害福祉課			k氏	○○○○	○○○○		
	V県健康対策課				○○○○	○○○○		
他団体	全国社会福祉協議会			l氏・m氏	○○○○	○○○○		
	W障害者福祉協会				○○○○	○○○○		
	V県社会福祉協議会				○○○○	○○○○		○○○○
	U町社会福祉協議会			n氏	○○○○	○○○○		○○○○
	V県障害施設・事業協会			o氏	○○○○	○○○○		
	V県身体障害者施設協議会			p氏	○○○○	○○○○	○○○○	

　ただし、単に協定書を締結するだけでは意味がありません。自法人においても地区防災ネットワークなど、地域の関係者・関係団体と協力体制を設けていますが、何よりも普段から良好な関係を築くよう工夫することが大切であると考えています。定期的な会議や訓練等をとおし、自法人・自施設が中心となって顔の見える関係づくりと、地域でのさらなるネットワークの構築を図っています。

　また、地域との連携、すなわち、地域に目を向けた取り組みとしては、災害福祉支援ネットワークの構築や参画、災害派遣福祉チーム（DWAT）へのチーム員登録なども、社会福祉法人、福祉施設・事業所が果たす使命

や役割であるととらえています。

　災害発生時、地域では多くの方々が何らかの生活上の課題を抱え、複雑かつ多様な福祉ニーズが生まれます。そこで、社会福祉法人、福祉施設・事業所が有する福祉の専門性等を活かすことが求められるとともに、対象者や対象区域を特定しない支援やかかわりが必要です。

　特に、DWATの活動として、行政、保健・医療関係者、その他の関係者等との連携・協働のもと、一般避難所や福祉避難所における災害時要配慮者等への支援が求められています。

　A社会福祉法人においても、他法人の社会福祉施設が被災した際への応援、あるいは自法人・自施設が被災した場合の受援など、施設間相互応援体制の構築と取り組みについて、複数の法人で協議・検討し、自法人のBCPに落とし込んでいます。

　その他、自法人・自施設が有する機能を発揮するためには、可能な限り、福祉避難所の指定についても検討しておくことが望ましいと思いますが、仮に指定を受けない場合でも被災時に外部から要援護者や近隣住民等の受け入れの要望に沿うことができるよう、受入可能人数、受入場所、受入期間、受入条件などを整理しておくことが大切ではないかと考えています。

　いずれにおいても、平時から災害福祉支援ネットワーク等において、地域住民をはじめ、多様な機関・団体や関係者等との連携・協働を円滑にすすめるため、顔の見える関係を構築し、いざというときに協力し合えるよう、よりいっそうコミュニケーションを図っておきたいと思います。

3-7　備蓄品の在庫管理

　続いて、備蓄品の在庫管理のための「備蓄品リスト」を作成します。既存の機能や設備、備品など、経営資源を有事の際にいかに活用できるか、様々な制約があるなかでどのように有効活用できるのかを考えました（図表31及び 図表32）。

　そのポイントとして、以下6点をあげます。

⑴　**備蓄品は数のみでなく、保管場所や管理担当者も決定し、記入しておく**
　危機的事象が発生した際に、誰でも対応できるようにしておきます。

図表31　A社会福祉法人の備蓄品リスト（物品）

No.	品　名	数量	保管場所	保管責任者	点検日	備考
1	食料品(詳細は図表32参照)	(3日分)	厨房保管庫	B		
2	飲料水(一人1日3リットル)	(3日分)	貯水タンク	B		
3	防災ラジオ	1個	事務所	C		
4	電池	各10個	事務所	C		
5	拡声器	1個	事務所	C		
6	懐中電灯	5個	事務所	C		
7	ろうそく	10本	事務所	C		
8	ランタン	3個	事務所	C		
9	幅広の粘着テープ	200枚	事務所	C		
10	粘着テープ	2個	事務所	C		
11	バーベキューコンロ	4個	階段下倉庫	D		
12	木炭	3箱	階段下倉庫	D		
13	会議テーブル	5台	階段下倉庫	D		
14	大きい桶	1個	階段下倉庫	D		
15	バール	2本	階段下倉庫	D		
16	トイレットペーパー	100個	1階外部倉庫	E		
17	紙おむつ	10箱	1階外部倉庫	E		
18	タオル	50枚	1階外部倉庫	E		
19	ティッシュペーパー	5パック	1階外部倉庫	E		
20	なべ	5個	厨房	F		
21	やかん	2個	厨房	F		
22	カセットコンロ	2個	宿直室	G		
23	カセットボンベ	5本	宿直室	G		
24	紙コップ	100個	宿直室	G		
25	皿	100枚	宿直室	G		
26	割りばし	500本	宿直室	G		
27	テント	4針	倉庫	H		
28	ポータブルトイレ	2台	倉庫	H		
29	毛布	10枚	倉庫	H		
30	ロープ	2本	倉庫	H		
31	給水用ポリタンク	5個	倉庫	H		
32	軍手	50双	倉庫	H		
33	レジャーシート	2枚	倉庫	H		
34	医薬品	1式	医務室	H		
35	AED	1機	医務室	I		
36	カルテ	(利用者分)	医務室	I		
37	工具一式	1	寮母室	H		
38	非常持ち出し袋	2袋	寮母室	H		
39	ディスポ手袋	10箱	医務室	H		
40	マスク	500枚	1階外部倉庫	G		感染予防対策用品
41	アイソレーションガウン	30枚	1階外部倉庫	G		
42	消毒用アルコール	8リットル	1階外部倉庫	G		
43	液体せっけん	10本	1階外部倉庫	G		
44	殺菌消毒剤	5本	1階外部倉庫	G		
45	加湿器	5台	介護材料室	G		
46	ゴーグル	6個	階段下倉庫	C		
47	かっぱ	10枚	階段下倉庫	C		
48	体温計	2本	医務室	C		
49	非接触型体温計	3本	事務所	C		
50	高濃度オゾン発生装置	1台	設置済	D		
51	低濃度オゾン発生装置	36台	設置済	D		
52	ポータブルオゾン発生装置	7台	設置済	D		
53	陰圧装置	1セット	法人研修室	法人		

※感染予防対策用品は1か月分の備蓄を想定　※1年に1回を目安に点検を実施
※不足分はリスクと対応の想定をふまえ計画的に購入する

図表32　A社会福祉法人の備蓄品リスト（食材）

No.	食材名	数量	消費期限	保管場所	備考
1	米	30kg×3	1週間	厨房保管庫	常時在庫有り
2	水			貯水タンク	消毒・煮沸後使用
3	醤油（1.8L）	8本	2023.4	厨房保管庫	
4	みりん（1.8L）	4本	2023.10	厨房保管庫	
5	酒（1.8L）	3本	2023.10	厨房保管庫	
6	塩（5kg）	1袋	2023.1	厨房保管庫	
7	砂糖（1kg）	14袋	2023.1	厨房保管庫	
8	酢	1本	2023.9	厨房保管庫	
9	だしの素	4本	2023.4	厨房保管庫	
10	中華の素	3本	2023.8	厨房保管庫	
11	中濃ソース	1本	2023.8	厨房保管庫	
12	サラダ油	4本	2023.2	厨房保管庫	
13	梅びしお	1箱	2023.12	厨房保管庫	
14	のり佃煮	2箱	2023.4	厨房保管庫	
15	筍（水煮）	3パック	2023.6	厨房保管庫	
16	人参	5kg	1週間	厨房保管庫	
17	玉ねぎ	5kg	1週間	厨房保管庫	
18	煎茶（100個入り）	1箱	2023.9	厨房保管庫	
19	紅茶（100個入り）	1箱	2023.6	厨房保管庫	
20	味噌（10kg）	1個	2023.8	厨房保管庫	
21	卵（約6kg）	1箱	1週間	厨房保管庫	
22	乾物各種	各1袋	2023.10	厨房保管庫	
23	漬物	2パック	3か月	厨房保管庫	
24	煮豆	2パック	3か月	厨房保管庫	
25	小麦粉	3kg	2023.10	厨房保管庫	
26	ケチャップ	1kg	2023.1	厨房保管庫	
27	マヨネーズ	1kg	2023.1	厨房保管庫	
28	黄桃缶	1箱	2023.7	厨房保管庫	
29	みかん缶	1箱	2023.12	厨房保管庫	
30	さんま缶	1箱	2023.8	厨房保管庫	
31	野菜ジュース	100本	2023.12	宿直室	
32	スポーツドリンク	100本	2023.12	宿直室	

※その他、食材は3日分程度の備蓄ができるように発注、購入している。

（2）　期間を設定し、そのなかで賄える量を備蓄する

　　新型コロナウイルス感染症の感染拡大にともない、一時の衛生用品のように国内全体で不足状態となり、まとめて購入することが難しい状況がありました。また、多額の予算を投じなければ入手できないケースもあります。

　そのような備蓄品については、計画性をもって使用期間や購入回数を分け、定期的な備蓄確認を行い、一定量の確保につなげています。

　なお、厚生労働省のガイドラインでは、在庫量・必要量の考え方として、ひとり当たりの数量に日数を掛け合わせた数が備蓄数量の目安となることが示されています。

> ＜具体例＞
> ・水　：一人１日３リットル、３日※で９リットル
> ・食料：一人１日３食、３日※で９食
> 　　　　　　※３日とは、行政支援開始目安日数

　しかしながら、想定する災害の度合いや被災状況の大きさ等のリスクによって数量は変わってきますので、各法人・施設での十分な検討が大切です。

(3)　保管状態を管理するため、定期的な点検・補充を行う

　使用期限、消費期限が設定されている備品（物品）や蓄電などの充電等を要する備品は、即時使用できるのかという点に加え、使用方法も確認します。

(4)　調理スタッフや委託業者等が対応できない場合を想定し、食材及び非常食等も準備しておく

　こちらについては、災害時のみならず、感染症発生時も必要とされる場合があるので、それらを想定して準備しておきます。特に、緊急時は、通常の食事提供が難しいため、栄養面での課題が懸念され、状況によっては気持ちが落ち込み、食が細くなりがちな利用者もいます。健康状態が悪化することのないよう、栄養補助食品なども備蓄しておきます。

(5)　感染症対応の場合、食事提供に際し、使い捨て食器を使用することも考える

　感染拡大防止対策の一環として、使い捨て食器を使用することも多くあると考えます。それをふまえた備蓄が必要な場合もあります。

　その他、厚生労働省のガイドラインでは、図表33のように、防護具・消毒液等備蓄品の確保において、次のような考え方が示されています。

図表33　防護具・消毒液等備蓄品の確保

保管先・在庫量の確認、備蓄
- 個人防護具、消毒液等の在庫量・保管場所を確認し、職員に周知しておく。
- 感染が疑われる者への対応等により使用量が増加した場合に備え、普段から数日分は備蓄しておくことが望ましい。（ヒアリング調査による障害福祉サービス事業所の声）
 ・感染疑い者が自宅待機・自宅療養となる14日分は最低必要である。
 ・施設や職員の安心のためには3か月分の確保が必要である。
 ・衛生用品が不足すると職員の不安が高まるので備蓄が重要である。
- 個人防護具の不足は、職員の不安へもつながるため、充分な量を確保する。
- 感染拡大により在庫量が減るスピードが速くなることや、依頼してから届くまで時間がかかる場合があることを考慮して、適時・適切に調達できるよう検討しておく。

委託業者の確保
- 通常の調達先から確保できない場合に備え、複数の業者と連携しておく。

(出典)厚生労働省社会・援護局障害保健福祉部
　　　「障害福祉サービス事業所等における新型コロナウイルス感染症発生時の事業継続ガイドライン」

⑹　**新たに購入・設置した備品など、備蓄品リストを適宜更新する**

　特に、新型コロナウイルス感染症に対応するための「かかり増し経費」などで購入した備品や、新たな感染対策、あるいはBCPを策定する上で備える必要のあった物など、適宜、リストを更新します。メンテナンスも合わせて担当者を決めており、定期的な備蓄品チェックを忘れずに行います。

3-8　ゾーニングマップの作成

　感染症や災害が発生した場合、混乱することなく迅速に行動できるよう、施設内をエリア分け（区分け）、あるいは、スペースの確保を行うための「ゾーニングマップ」を作成しておきます。

　A社会福祉法人では、研修の一環として、施設の職員を複数のチームに分けて、施設の図面を用い、ゾーニングマップを作成しました（図表34）。特に、感染症対策のBCPを検討する際は、ゾーニングシミュレーションも合わせて事前に行っておくと、有事の際の迅速な行動につながります。

　また、感染者数により異なりますが、基本的にはいくつかのパターンでゾーニングを検討しておくことが必要であると考えます。施設・事業所の種別や構造、あるいは、職員配置や利用者の状況などをふまえ、有事の際

にどのようにゾーニングできるかを平時から想定し、共有します。

　さらに、動線を考えたときに、感染者の使用品やごみ等をなるべく館内をとおさずに処理できることもふまえて作成することも重要です。

　その他、各セクションにおいて、職員の出入り口等ならびに休憩室等を区分けすることも大切な視点です（図表35）。感染者や濃厚接触疑い者が発生した場合、セクションごとに別の出入り口や休憩室を使用することで、これ以上、感染者あるいは濃厚接触者が増えないよう、工夫できます。

　なお、外部支援者などが派遣された場合の活動スペースや待機場所等も、可能であれば事前に検討しておきます。

　一方、災害対応に向けたゾーニングマップについては、備蓄品の保管場所や対策本部設置の場合のスペースも検討しておきます（図表36）。感染症ゾーニングマップと同様、外部支援者等の受け入れスペースなど、事前にマッピングしておくことで、平時から職員間での共有が可能になることがメリットです。

図表34　A社会福祉法人の感染症ゾーニングマップ

・ゾーニングパターン例　活動棟や施設内フロアの一部を感染症対策エリアに想定した場合

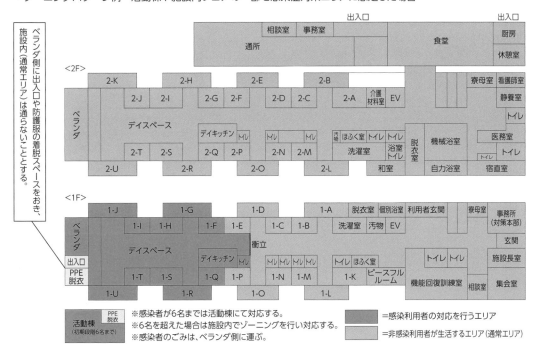

図表 35　出入口の区分け

・感染症発生時における出退勤等の出入口、控室

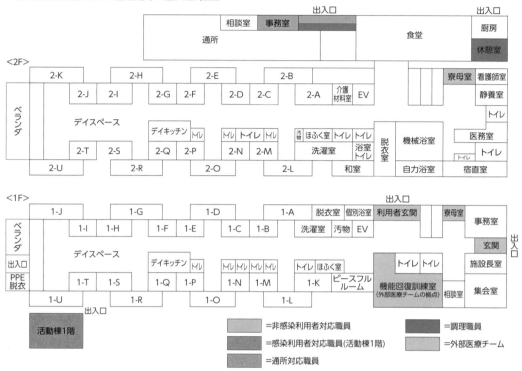

図表 36　A社会福祉法人の災害ゾーニングマップ

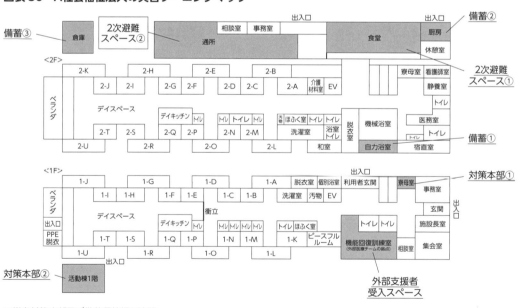

※災害対策本部及び備蓄保管場を追記

4．BCPを実施・運用する

4-1　教育・研修・訓練（シミュレーション）を実施する

　A社会福祉法人では、BCP を作成したのち、それが実際に実効性のある計画かどうかを確認するための教育・研修・訓練（シミュレーション）の機会を設けました（図表 37）。

　内容や目的に合わせ、効果的に学ぶ方法、対象者、実施時期や回数を検討し、法人の職員教育として、事業計画や中長期計画にも位置づけるとともに、災害や感染症に対応できる人材育成として、BCP を組織あるいは職員に浸透させるための枠組み・視点を構築しています。

4-2　評価・見直しを行う

　法人によって、月次や年次で BCP の評価・見直しを行うなど様々ですが、A社会福祉法人は年に 1 回、職員研修の一環で、BCP を再認識する機会を設けています。その前にプロジェクトチーム内で、BCP の内容を見直すことにしていますが、基本的には、課題があった際に、その都度、評価と見直しを行っています。

　特に、訓練や外部研修等をとおして新たな気づきや課題にあがった内容が見えてきますので、その際に、策定責任者である施設長を中心にプロジェクトチームに所属する職員と協議の上、BCP をブラッシュアップすることとしています。

図表37　A社会福祉法人の BCP の研修・訓練等計画

No.	内容	目的	方法	対象者	実施時期・回数
1	BCP研修	BCPの周知、理解促進を図る。	危機管理対策訓練	全職員	毎年1回、必要時
2	BCP改定	常に状況に即したBCPとするため、適宜、見直しを行う。	法人、各事業所での検討会	災害対策本部担当者	毎年1回 災害発生時
3	防災訓練 消防用設備講習	防災担当と連携し、多様な訓練を行う事で、災害時に冷静に行動できるようにする。また、訓練をとおして、職員の防災意識の向上を目指す。	防災事業計画に基づく	全職員	毎月
4	普通救命講習	心肺蘇生法やAEDの取り扱い、異物除去法、止血法等を学び、必要時に実践できるようにする。	C署の職員に依頼	全職員	2年ごと
5	リスクマネジャー養成研修受講	リスクマネジャーを養成し、事業所におけるリスクマネジメントの体制を強化、推進する。	全国経営協等の研修を受講する	中堅職員以上	毎年1回
6	災害時を想定したディスカッション	災害発生時の対応等について理解を深め、迅速な対応や安全確保、全体共有に繋げる。	施設内職員研修会 ケース検討会等	全職員	年2回
7	総合訓練	総合的(火災、通報、避難)な訓練をとおして、防災意識を高め、必要時に迅速に判断、行動できるようにする。	C署に依頼	全職員	年1回
8	感染症対策研修 手指衛生、 個人防護具の 取り扱い	感染症の知識を身に付け、適切な予防策を講じる。 手指衛生方法や感染予防用品の適切な取り扱い方法を理解する。	看護師に依頼、伝達研修 動画視聴	全職員	年1〜2回
9	感染症対応マニュアルの改訂	新型感染症の発生や、各感染症の症状や特性に対応できるよう、マニュアルをアップデートする。	法人、各事業所による検討会	担当者	随時

職員教育の枠組み・視点

①BCPそのものに関するもの
②利用者の安全確保に関するもの
③利用者の生活継続に関するもの
④二次被害防止に関するもの
⑤職員体制確保に関するもの

⑥インフラ復旧に関するもの
⑦建物に関するもの
⑧設備復旧に関するもの
⑨備品・消耗品に関するもの
⑩法人や外部機関との連携に関するもの

⑪地域貢献に関するもの
⑫災害対策本部設置に関するもの
⑬感染症に関するもの
⑭その他

4

BCPの実効性を
高めるための事例

事例1 地域を巻き込みながら 水害対応を想定したBCP

B社会福祉法人（特別養護老人ホーム・デイサービス）

想定リスク	水害
種別／類型別	介護分野／特別養護老人ホーム（入所）・デイサービス（通所介護）
BCP策定・運用の実施単位	施設（事業所）

　1つめは、特別養護老人ホーム及び併設のデイサービスにおいて、水害を想定した事例です。発災した際には、建物の構造上、利用者の安全確保のために施設を離れ、別の場所に避難する必要があります。避難先の選定と実際の受け入れ可否の確認や、災害（水量等）の変化に応じた対応が必要となります。

1. B社会福祉法人の概要と災害リスク状況

　B社会福祉法人は、市内に3つの拠点を展開し、総合的な介護事業を運営しています。今回紹介する特別養護老人ホーム及び併設のデイサービスは、開設当初より地域に根ざし、現在も多くの方がたに利用され、親しまれています。

　B社会福祉法人が運営する施設・事業所は河川の近くにあることもあり、同法人では、様々な災害に対するマニュアルを整備してきました。しかし、ここ数年、異常気象による集中豪雨や台風の影響を受けて降水量は年々多くなっており、「水害」のリスクが今まで以上に高くなっています。

2. BCP策定に向けた準備等

(1) 水害による想定リスクを考える

B社会福祉法人は、平成29年に、同法人のある県、県社会福祉協議会、県社会福祉法人経営者協議会を含む県内福祉関係団体による「災害福祉支援ネットワーク相互応援協定」の運用に向けた図上訓練に参加する機会がありました。

今までとは異なる視点で災害を見つめ直し、「どのように利用者の安全を確保し避難するのか（どのように利用者の命を守るのか）」「時間とともに変わる降水量や河川水位の状況をどう考えるか」など、災害時を想定して課題を抽出し、整理していきました。

特に、想定リスク等を考えていく上では、外部アドバイザーの助言も得て、課題整理をすすめていきました。

施設・事業所は、2つの河川が合流した場所に位置し、ハザードマップ上、浸水3m以上のリスクがあるとされています。普段は比較的、穏やかな河川ですが、台風や集中豪雨の際には水位が上昇し、年に数回程度、危険水位に迫る状況にあります。

また、施設の建物自体が河川とほぼ同じ高さにあるため、集中豪雨などが発生すると、周辺の下水道が雨水で溢れてしまい、建物への浸水リスクが高くなることもあります。

現在の建物は、鉄筋コンクリートの平屋造りで、地下に機械室があります。階上への「垂直避難」ができないため、利用者の安全を確保するためには、施設を離れ、別の場所に避難する必要があります。建物自体の強度は高いものの、浸水した場合、機械室の機能は失われ、居住棟も水圧の影響でほとんどが流されてしまうことが結果想定として考えられました。

(2) 想定リスクへの対応を考える（避難時の安全を確保するには）

B社会福祉法人では、避難先を確認することからはじめています。避難所は行政により、近隣の小・中学校と指定されていました。ただし、指定の避難所はエレベーターがないため、車いすを利用するなどの高齢者にとって、階の移動は困難です。

また、地域の多くの方が避難する一般避難所でもあるため、利用者全員

の避難場所の確保も困難な状況でした。

　さらに、排せつや入浴などの支援を行う場合、場所と人材が必要であるため、一般避難所での生活の継続には限界があると判断しました。

　これらをふまえて、水害に直面したとき、利用者（高齢者）が安全に避難するためには何が必要であるかを整理することが重要であると考えました。

　例えば、車いすで避難する場合、雨のなか、増水した道路を移動することは大変危険であり、ほぼ不可能です。利用者を安全に避難させる方法を考え、福祉車両で移動できる体制を整える必要があることを検討していきました。

　また、暗くなってからの移動も危険をともなうため、早期の避難を決定し、いち早く行動に移す必要があります。

　台風の場合、進路や降水量が予測できることから、数日前からの検討が可能であるため、必要な車両の確保や移動手順の確認など、時間的な余裕があります。

　これらの状況をふまえた結果、当施設・事業所では、車で10分ほどの場所にある、浸水想定のない同法人の別施設を避難先に選定しました。

　この避難先は、居室、廊下や通路などに必要な数のベッドが配置可能かを設計士や行政等にも確認し、ある程度の人数の受け入れが可能であるということが判断できました。

　このように避難の基準をつくる上では、自施設やその近隣の状況などを確認することが必要であり、施設外に避難する場合には、どこへ避難するのかを事前に決めておくことがポイントであると考えます。

　また、併設のデイサービスや各拠点のデイサービスの送迎車両の確保が可能でした。デイサービスがもつ資源を有効活用していくことを計画に落とし込んでいくこともポイントです。

福祉車両を使った避難訓練のようす

(3) 想定リスクへの対応を考える（インターネット情報の活用）

　これまでは、近隣の河川を目視で判断していました。しかしながら、前述の図上訓練への参加をとおして、「気象情報」の読み方などの習得が必要であると学びました。

　インターネットにより河川上流域での降水量、水位情報や定点カメラのライブ情報などが得られることを知り、そこで入手した適切な情報を活用することとしました。

　このような情報活用のあり方を見直すことで、河川を目視で判断する方法以上に、関係者での情報共有がスムーズかつ適切なものとなりました。

　また、上流地点から1時間後、2時間後の危険予測も確認できるようになったことで、水害に対する危機意識も高まりました。

3. BCP の策定

　今まで様々な災害マニュアルを整備してきましたが、図上訓練での経験をもとに整理した想定リスクと避難対応（計画）に加え、本格的に施設・事業所の BCP 策定にも着手することになりました。

　そのために、以下の手順のとおり、必要な内容を整理し、課題を一つひとつ可視化していくことからはじめました。

> 1. 近隣河川の水位情報をもとに、独自の避難水位を決める
> 2. 対策本部立ち上げ基準及び法人内の通所事業の中止の決定基準を決める
> 3. 利用者の避難順序を決める
> 4. 必要な物資や備品を選定し、搬出のタイミングを確認する
> 5. 避難者の受け入れの基準方法を決める
> 6. 職員の応援体制の基準を決める
> 7. 従事者の安全と雇用の継続、避難後の事業再開に向けた手順を決める

　このように、これまで積み重ねてきた災害対策に、図上訓練で得られたもの、また、不備・不足していたものを追加し、BCP を策定していきました。

4. BCP の運用

令和元年 10 月に台風 19 号が上陸しました。

天気予報において台風の進路予想が徐々にせばめられ、B社会福祉法人のある県にも大きな被害がもたらされるおそれが生じました。そこで、施設・事業所では台風が近づく 2 日前から、被害を想定した話し合い等を行った結果、当時は、まだ策定途中ではあったものの、前日の朝に、BCP に沿った対応（BCP の発動）を決めました。

即座に施設へ「災害対策本部」を設置し、各拠点における通所事業を中止し、計画どおりに法人内の別施設（避難先）への避難を開始しました。

当日は午前 9 時頃から避難活動を開始し、強い風雨のなかではありましたが、想定どおり午後 3 時頃には、全利用者の避難誘導と物品の搬出が完了しました。

幸いにも近隣河川の越水等による建物への被害もなく、翌日には全員が施設に戻り、日常を取り戻しています。

未完成ながらも BCP を活用することにより、あわてることなく、事前に避難決定の判断と、搬出する備品等の準備ができました。

また、災害対策本部を立ち上げた後、避難ルート、車両の準備や職員への対応等にも、図上訓練の経験が活かされ、比較的スムーズに BCP に沿った対応につながっています。

しかし、課題としては、BCP 策定途中であったため、備品等の不足が判明しました。また、利用者の寝具等の大量搬出のために、施設と避難先を何往復もしたことや、送り出した利用者情報が受け入れ側のスタッフに伝わりにくく混乱したなどの課題も見えてきました。

5. BCP の評価と見直し

(1) BCP の実効性を高めるための工夫（利用者情報の共有）

実際の避難を経験したことによる前述の課題に対し、どのように対応していくかを検討しています。

特に、重要な課題として、避難時に利用者の情報がうまく伝わらず、受け入れ側のスタッフに混乱を与えてしまった点がありました。当時、利用

者の情報をすぐに伝えられるような対応として、車いす等にその利用者の情報を記載した貼り紙をつけたのですが、強い風雨のなか、剥がれてしまったり、風に飛ばされてしまったものがあり、想定していた情報の共有を円滑にすすめることができませんでした。個人情報保護の観点からも問題視されました。

その反省も活かしながら、見直しを検討した結果、「利用者情報カード」を作成することにしています。このカードは、避難時に利用者一人ひとりの首からさげることができるよう、紐付きのカードケースを準備しました。

B社会福祉法人の「利用者情報カード」

このカードには、避難する利用者の氏名などの基本情報、疾患や必要な支援の内容等を両面に記載しています。これができたことで、受け入れスタッフがあわただしい状況にあっても、事前情報の少ない避難者（利用者）の把握が可能です。

なお、カードに記載している情報は、定期的に更新を行っていくこととしています。

⑵　BCPの実効性を高めるための工夫（連絡ツールの活用）

さらに、有事の際の職員等への連絡手段として、施設の火災通報と連動している災害一斉メールを使用し、情報伝達をスピーディに行うこととしています。

これは、有事の際や発災後の緊急連絡手段としてだけでなく、平時から職員への災害に対する事前の情報発信にも役立ちました。

また、県内各地域の施設職員とはSNSでつながっており、天候不順時には、それぞれの発信する情報を共有することにより、準備や決定の判断基準としています。

⑶　地域に目を向けたBCP

災害に強い地域を考える際、自法人・自施設だけでなく、地域との関係性がとても大切であるため、地域の方々と一緒に防災に対する共通理解を

深める機会として、令和元年度に行われた自治会主催の「防災セミナー」に参加しています。

　そこでは、「DIG（災害図上訓練）」を行い、地域の方々と関係づくりに励みました。そのなかで、参加された地域の方々が、私たち法人・施設の担当者が普段知り得ない有力な情報を多くもっていることの気づきにつながっています。また、平時からの地域とのつながりの大切さもあらためて学び、これを機に、地域との関係性がより密接になりました。その結果、自治会長の協力により、施設の前に水害ハザード（浸水レベル）の目印を設置していただいています。

水害ハザード（浸水レベル）の目印

　令和2年度には、法人のBCPにおいて、水害が発生した際の離れた場所への屋外避難誘導の計画をすすめました。自治会の区長のはたらきかけにより地域とのつながりができたことで、隣接する他医療法人が運営する病院へ緊急避難の受け入れ協力を依頼することができ、その医療法人と「災害時協力協定」の締結につながっています。

　さらには、職員の車両の安全確保において、日頃から関係のある地域のバス会社に、災害時の駐車場の提供をお願いしたところ、承諾を得ることができました。

　このように、法人・施設の災害への取り組みを充実させることができるのも、地域との関係性が構築できてこそだといえます。時間をかけながらでもよいので、地域の理解を得るとともに、地域の

地域の方々とのDIGのようす

方々と災害対策を考えていくことが極めて重要であるといえます。

　しかしながら、現在、新型コロナウイルス感染症の収束に目途が立たない状況であるため、以前のような法人と地域の方々との接点が減少しつつあることは否めません。ただし、オンライン等を活用した新しいつながり方を模索し、地域との協働の機会をもつことを継続していくことが大切です。

　地域にかかわる多くの団体や機関等とつながり、ネットワークを形成することが共助の仕組みには大切で、多様な主体がそれぞれの専門分野で役割を担うことで機能的なネットワークができてきます。防災・減災の視点で地域と協働することがより一層求められ、自法人・自施設の BCP への落とし込みが重要になります。

6.　BCP のさらなるブラッシュアップに向けて

　図上訓練にはじまり、BCP の策定と並行して、実際の避難を経験するという一連の流れにより、施設・事業所だけでなく、法人全体で災害対応に関する知識や、BCP を含めた災害対応への課題と対応策等を深めることが可能となりました。

　職員等もこの経験をもとに、災害に対応できる人材として成長できているとも感じています。

　ただし、これまで以上に、組織や職員に BCP を浸透させ、実効性を高めるためには、災害対策を「可視化」させること、つまり、実際に「訓練」してみることが大切で、そこから多くの課題が見えてきます。

　年間で、定期的な図上訓練や避難訓練等を、地域住民をはじめ関係者等と協働して実施することで、様々な視点から、課題を把握することにつながります。そして、これを BCP の見直し・改善、ブラッシュアップにつなげていくことが重要です。

　そういった意味で、BCP に「完成」はありません。

　これからも、訓練、災害に関する制度改正などの情報を取り入れ、「PDCA サイクル」を回す、BCM を推進する必要性を感じています。

事例2　大規模地震への対応を想定し、実効性のあるBCPを策定

C社会福祉法人（保育所）

想定リスク	地震
種別／類型別	児童分野／保育所
BCP策定・運用の実施単位	施設（事業所）

　2つめは、大規模地震の発災を想定した保育所での対応事例です。地震の発災から安定した生活を送ることができるようになるまでの長期にわたる対応を見据え、時間軸にポイントをおいてBCPを策定しています。保育事業再開を早期の目標に設定し、園児だけではなく地域の子育て家庭への対応も視野に入れています。

1.　C社会福祉法人の概要とBCP策定への着手

　C社会福祉法人は、高齢者福祉施設、障害者支援施設、保育所などを複数運営しています。

　今回紹介する保育所では、想定リスクとして、大規模地震への対応を検討しました。災害発生は1〜3月上旬の比較的寒い時期とし、震度6強の地震の発生をイメージすることとしました。

　保育所には、災害時においても、当該保育所が有する子ども・子育て支援機能や、社会福祉法人としての公益性を積極的に発揮していくことが求められると考えています。

　保育所を休園するだけでなく、災害時においても地域の福祉ニーズにどのように対応できるかを検討するためにもBCPの策定をすすめることとしました。

2. BCP策定の準備と手順

(1) BCP策定前の現場確認と災害時のリスク想定

BCPを策定するにあたり、まずは、近隣の社会福祉法人の紹介のもと、BCPの策定に知見のある外部アドバイザーを呼び、法人・施設の現場確認（施設見学）の実施、設備や備蓄品の状況等の確認を行いました。

大規模地震が起きた際、施設のどの部分に、どのくらいの危険があるか、そこにはどのような危険性をともなうのか、一方で安全な部分は何かを把握することが可能となりました。

さらに、外部アドバイザーの助言のもと、BCPの策定手順として、図表38の10項目の策定に着手することとし、法人・施設において協議を行い、作成にあたっています。

特に、リスクアセスメントについては、外部アドバイザーによる現場確認等で助言内容をもとに、リスクへの対策を検討しました。この間、保育所の設備が更新時期にあったということで、随時の設備更新や耐震化工事の将来的実施を決めています。

結果として、建物や設備などのハード面については、現段階ではリスクが小さいことを確認できました。

一方で、災害が起きた際の避難方法や保護者との連絡方法など、災害対策におけるフェーズの設定と、フェーズごとに求められる対応を検討することとしました。

図表38　C社会福祉法人におけるBCPの策定10項目

① 法人理念に基づく基本方針の設定
② リスクアセスメントシートの作成
③ フェーズの設定
④ 職員等安否確認基準の設定
⑤ 職員の参集基準の設定
⑥ 災害対策本部の設置
⑦ 目標復旧時間と対応
⑧ リスクと対応の想定
⑨ 行政・関係機関等との連絡調整
⑩ 職員育成・訓練計画

⑵　災害対策におけるフェーズの設定と対応

　地震は、風水害や土砂災害とは異なり、発災直後から緊急対応が必要となるため、特に、大規模地震の場合は、安定期までの期間を長く想定し、各フェーズを設定することとしました。フェーズは大きく以下の5つに分けています。

| Ⅰ．暫定期（発災〜8時間） |
| Ⅱ．初動期（8時間〜3日目） |
| Ⅲ．展開期（4日目〜14日目） |
| Ⅳ．安定期（15日目〜60日目） |
| Ⅴ．撤収期 |

　この各フェーズに応じた対応を想定することで、時間軸を意識したBCPの策定と運用が可能となります。

【地震を想定したフェーズの設定】※法人・施設共通事項

Ⅰ．暫定期（発災〜8時間）
　暫定期とは、災害発生直後の混乱状態のなかで、「災害対策本部」が立ち上がるまでの暫定的な期間のことをさします。
　参集する職員数が少ないことが予想され、できることは限られている時期という想定をしておきます。
　地震発生直後から、現在勤務中の職員と、参集できる職員で現状の被害状況の把握をはじめます。
　災害対策本部立ち上げまでに参集した役職の上位者が暫定的な判断をし、統括指示を行っていきます。同時に、保育所のみならず、法人内の各施設の情報把握（利用者の安否確認など）に努めます。

Ⅱ．初動期（8時間〜3日目）
　初動期とは、災害対策本部を立ち上げ、体制の仕切り直しを行い、安定した体制を整える期間のことをさします。
　物資や食料などを確保するルートを検討し、生活環境の整備なども行っていく時期です。災害対策本部で保育所を含め全施設・事業所の被害状況をふまえ、優先順位をつけ対策を考えていきます。
　なお、物資や人員等で外部からの応援が必要となる場合は、連携団体等への応援を開始することを検討します。
　また、園児やその家族、その他施設・事業所の利用者などの安否確認を継続的に行っていきます。

Ⅲ．展開期（4日目〜14日目）

　展開期とは、避難所にとっては、避難生活での仕組みや規則に従った日常性を確立する期間をさします。法人の施設において、行政からの指定を受けた際には、受け入れスペースの状況や対応する人員確保の状況により、「福祉避難所」の要請を受けて開設し、避難者の受け入れを行っていきます。

　なお、この期間は、物資支援等が増えはじめることが想定されます。各施設・事業所内部の混乱も落ち着いていく時期にあり、支援物資の整理等にも対応していきます。

　必要業務の遂行のため、外部支援者を要請し、自施設の職員の負担軽減につなげていくことも重要です。利用者の安否確認後の個々の状況に応じた相談業務も開始し、必要とする関係機関につなげていくことが大切です。

　合わせて、保育所や各居宅サービス（デイサービス、ショートステイ、居宅介護支援）の事業再開の時期や方法についても検討し、早期の再開に向けた利用者への情報提供、対応方法の確認等を行っていきます。

Ⅳ．安定期（15日目〜60日目）

　安定期とは、毎日の生活に落ち着きが戻り、通常のルーティンに移行していく時期のことをさします。

　特に、災害復旧までの時間が長期化することにともない被災者の心身の状況が低下することが想定されるため、被災者の多様化するニーズに対して柔軟に対応していきます。

　また、各地域の被災状況が明らかになり、それにともない今後の地域の復旧についての見通しが立ってくることが想定されます。

　法人・施設においては、破損状況による優先順位に応じて修繕が開始される時期でもあります。

Ⅴ．撤収期

　撤収期とは、周辺のライフライン機能が回復し、避難者にとって本来の生活が再開可能となるため、避難生活の必要性がなくなる時期のことをさします。避難者の生活再建に向けて、必要であれば、施設・事業所等が有する相談機能を発揮していくことが想定されます。

⑶　保育サービスにおける目標復旧時間と対応

　　災害対策におけるフェーズの設定と並行して、特に、保育サービスにおける目標復旧時間の設定と対応を検討しました（図表39）。

　　主に、当面取り組むサービス（事業）として、「情報収集」「保育事業」「相談事業」の3つに整理し、大規模地震が起きてから復旧するまでの時間に対してのサービス提供割合を決定します。

　　被災してからのサービス中断時間としては、24時間以内、3日、5日〜

１週間、２週間、１か月、１か月超を想定し、各サービス（事業）への影響、収入への影響、具体的な対応やサービス稼働割合等を設定します。

　まず、情報収集においては、中断時間が 24 時間以内であれば、サービスへの影響度は中レベル、つまり施設や地域等の被災状況等の把握が早ければ早いほど、早急の対応が可能となるため、ダメージが大きくなりにくくなります。収入への影響についても、24 時間以内であれば小レベルと判断しました。

　しかし、中断時間が長引けば長引くほど、サービスや収入への影響度は大きくなり、その他のサービスへのダメージも大きくなる可能性がありま

図表 39　C社会福祉法人の保育サービスにおける目標復旧時間と対応

事業名	中断時間	サービスへの影響	収入への影響	対応及び稼働割合等	復旧基準時間
情報収集	24時間以内	中	小	・施設や設備の被災状況を確認、法人本部及び行政に報告 ・職員及び各家庭の安否確認 ・必要インフラの状況確認 ・食材や必要物資の調達確認	1時間20% 4時間50% 24時間80%
	3日	大	中		
	5日〜1週間	大	大		
	2週間	大	大		
	1か月	大	大		
	1か月以上	大	大		
保育事業	24時間以内	中	小	・事業再開に向けて施設の復旧、応急保育の検討 ・施設や設備の衛生環境と安全の確認 ・必要インフラの調達確認 ・食材や必要物資の搬入確認 ・通常保育の再開	4時間20% 12時間30% 24時間50%
	3日	大	中		
	5日〜1週間	大	大		
	2週間	大	大		
	1か月	大	大		
	1か月以上	大	大		
相談事業	24時間以内	小	小	・子育て家庭のメンタルケアの支援	4時間5% 12時間10% 24時間20% 72時間50%
	3日	中	小		
	5日〜1週間	中	小		
	2週間	中	小		
	1か月	中	小		
	1か月以上	中	小		

(出典)C社会福祉法人のBCP(以下、同じ)

す。そのため、中断時間による影響を極力少なくし、サービスレベルの復旧に努めなければなりません。

実際の対応としては、施設や設備を確認し、どの程度の被災状況なのかを把握し、法人本部および行政に状況報告をします。

また、職員や園児の各家庭の安否確認についても早急に情報収集をします。その他、必要インフラの被災状況がどの程度か、食材・必要物資の調達についても確認をしていくこととします。

続いて、保育事業においては、中断時間が24時間以内であればサービスへの影響度は中レベル、収入への影響は小レベルと判断しています。保育所は事業をストップ、つまり休園をしても介護や障害分野に比べ、直接的な収入減にはつながりません。

しかし、中断時間が長引けば、それだけ、地域の子育て拠点としての機能が発揮できず、子育て等のニーズの増大や孤立家庭等の顕在化の可能性が高まってしまいます。さらに、収入への影響についても、中断時間が長引けば、次第にダメージが大きくなり、最悪の場合、職員の雇用等の維持に影響を来す可能性があります。

そうならない対応としては、事業再開に向けた施設の復旧を早急の課題とし、同時に「応急保育」の検討も行っておくこととします。緊急で園児や地域の子育て家庭等を受け入れることを想定し、施設や設備の衛生環境と安全の確認、必要インフラの調達確認、食材・必要物資の搬入確認をすすめていきます。また、保護者が医療や福祉の仕事をするエッセンシャルワーカーなどの場合、社会的要請が強い職業であるため、できる限り「通常保育」の再開をすすめていくことが求められる対応ととらえています。

相談事業においては、発災後の情報収集や保育事業と比べると、中断時間が24時間以内であれば、サービスの影響は小であり、長引いても、高くて中レベルのダメージであると判断しています。また、収入への影響についても、小レベルのダメージであるとの想定ができます。

これについては、どちらかというと、被災による二次災害の影響など、被災後に少し時間が経ってから判明する子育て家庭の様々な課題に対応していくことが求められてくると考えます。

例えば、被災により家族を亡くしてしまったり、怪我や病気等の発症によって、働くことができなくなってしまったことなどによる「子育て家庭のメンタルヘルス」にどのような支援をしていくかといったことが、地域の子育て拠点である当施設で必要となる対応ととらえています。

　特に、子育ては、緊急時において比較的ニーズが高くなることが想定できますので、このように、3つのサービス（事業）の目標復旧時間の設定と対応を想定しておくことで、園児やその家族、地域、職員などへの影響をできるだけ少なくすることが大切です。

⑷　園児・保護者の安否確認の実施

　初動期において可能な限り速やかに園児や保護者の安否確認を行い、当施設に求められる「情報収集」対応を図ることとしています。この安否確認については、保育所に限らず、デイサービスや訪問介護などを運営する事業所に通ずる内容であり、利用者の「安全配慮義務」として、事業所の責任にもなります。

　実際にどのように安否確認をするかというと、事前に利用児童（保護者）の安否確認名簿を作成します。その名簿には、各利用児童（保護者）の居住地の危険度、安否確認方法、対応職員名、備考をリスト化しておきます（図表 40）。

図表 40　災害時利用者安否確認リスト（保育所）例

	居住エリア	氏名	居住地の危険度	安否確認方法	対応職員	備考
1	●●エリア	Dさん	Ⓐ B C	災害時専用メール	職員J(5年目)	
2		Eさん	Ⓐ B C	災害時専用メール	職員J(5年目)	母親が別法人の介護職員
3		Fさん	Ⓐ B C	災害時専用メール	職員J(5年目)	
4	▲▲エリア	Gさん	A Ⓑ C	災害時専用メール	職員K(10年目)	父親が入院中
5		Hさん	A Ⓑ C	災害時専用メール	職員K(10年目)	
6		Iさん	A Ⓑ C	災害時専用メール／電話	職員K(10年目)	通常は基本的に祖父母が送迎

居住地の危険度……指定なし「A」、警戒区域「B」、特別警戒区域「C」
安否確認方法………災害時専用メール、電話、SNS、訪問

　居住地の危険度については、各利用児童（保護者）が居住する地域のハザードマップをもとに、大規模地震による影響、危険度を想定します。例えば、危険度の指定がなければ「A」、警戒区域であれば「B」、特別警戒区域であれば「C」というランク分けをします。

　安否確認方法は、電話・SNS・メール、あるいは訪問が考えられます。災害によって、通信基地局が被災してしまうと、メールや電話等が使用できなくなる場合があります。そういったリスクも想定しながら、様々な手段のあり方を各家庭と共有・確認しておくことが大切です。また、直接訪問する場合は、職員の安全面を大前提とするといったルールも合わせて決めておくことが重要です。

　なお、安否確認に対応する職員は、園児（保護者）の居住エリアごとに分けていくこととしています。その際、居住地の危険度が高いほどベテラン職員が対応するなど各施設で最も動きやすい体制を検討し、対応職員を決めることが重要であると考えています。

　備考には、各利用児童（保護者）の安否確認をする上で配慮すべきこと等を記載します。例えば、〝共働き家庭のため、基本的に祖父母が児童の送迎をしている〟〝保護者に持病等がある〟など、緊急時に少しでも支援や状態の確認が必要となりそうな事項があれば、備考に記載しておくことが大切です。

3.　BCP の運用（実効性を高める方法）

　C社会福祉法人では、策定した BCP の内容を確認・点検する機会として、積極的に次のとおり教育・研修・訓練（シミュレーション）を実施しています。そこで得られた気づきや課題を盛り込むことで、BCP のブラッシュアップにつなげる文化を組織に根づかせています。

≪C社会福祉法人における BCP に関する教育・研修・訓練（シミュレーション）の内容≫
① 　BCP 定着研修（全職員対象）
　　年に１回、全体職員研修の場で BCP の内容を全体的に把握する。

② 図上訓練（全職員対象）

　　年に 2 回、例えば、停電が起きた際の対応などを職員間でディスカッションしながら、対処方法などを学んでいく。

③ 災害発生シミュレーション訓練（全職員対象）

　　年に 1 回、災害が発生してからの災害対策本部の立ち上げ、施設内の状況確認、設備や備蓄品等の確認・使用、利用者の安否確認あるいは避難、地域や関係機関等との連携などの一連の流れを BCP や災害マニュアル等をもとに細かく確認する。

④ 避難訓練（全職員対象）

　　避難経路の確認・避難時の対応訓練として、火災（年 5 回）、地震等（年 5 回）をそれぞれ想定して実施する。

⑤ 利用者の安否確認訓練（全職員・利用者対象）

　　年に 1 回、利用者の安否確認リストをもとに、実際の安否確認にかかる手順等を学ぶ。

⑥ 設備・ライフラインの点検、備蓄品内容確認

　　年に 1 回、設備やライフラインの点検、備蓄品の内容等を確認し合う。

⑦ 普通救命講習（全職員対象）

　　年に 2 回、消防署の協力のもと、心肺蘇生法や AED の取り扱い、気道異物の除去、止血法などを学ぶ。

⑧ 消防用設備講習（全職員対象）

　　年に 2 回、消防関係団体の協力のもと、施設内の消防用設備の設置場所及び使用方法を理解する。

⑨ 総合避難訓練（全職員対象・地域住民等）

　　年に 1 回、消防署の協力のもと、地域住民や地区防災ネットワークに参画する団体等とともに、総合的（消火、通報、避難）な訓練をとおして防災意識の向上につなげる。

⑩ BCP 改定研修（災害対策本部・現場リーダー等対象）

　　年に 2 回、もしくは災害の発生後の撤収期以降、常に即応できる BCP とするため、課題とその対応を見直していく。

　このほかに、今後は、これまで以上に実効性を高めるため、感染症に配慮した災害対応、災害・感染症ゾーニングシミュレーション、ハザードマップの更新、施設間応援・受援体制、災害ボランティアの受け入れ対応、福祉避難所の開設訓練・施設の収容人数の算定（マニュアル化含む）などの内容を既存の研修や新規研修として盛り込んでいくこととしています。

4．社会福祉法人同士の連携による BCP のブラッシュアップ

　現在、近隣の社会福祉法人同士で、各法人・施設の BCP の共有を図る取り組みをすすめています。すでに BCP を策定・運用している法人が、これから BCP の策定を検討する法人に対し、策定のポイント、手順や運用方法などへのアドバイスを行う機会を設けており、自法人も他法人からアドバイスを受けながら、BCP の策定をした経緯もあります。また、BCP の研修等に他法人の担当者に参加してもらい、自法人の各職員と協議し合うことで、他法人ならではの視点や気づき等が得られ、BCP のブラッシュアップにつながっています。

　今後は、このような経験を県内の法人とも共有し、BCP の策定支援に発展させていくこととしています。種別を超えて、防災・減災の視点で協力し合える社会福祉法人の横のつながりを形成することで、災害に強い法人・施設、地域をつくっていきたいと考えています。

　また、社会福祉法人のみならず、福祉サービス等を展開する多くの方々との協力体制が不可欠であり、災害福祉支援ネットワーク等に参画する団体やこれから協力していくべき関係者等との連携も意識していくこととしています。

事例3 新型コロナウイルス感染症 対応を想定したBCPの策定

D社会福祉法人（障害者支援施設・デイサービス）

想定リスク	新型コロナウイルス感染症
種別／類型別	障害分野／障害者支援施設（施設入所支援）・デイサービス（生活介護）
BCP策定・運用の実施単位	施設（事業所）

　3つめは、障害者支援施設・デイサービスにおいて新型コロナウイルス感染症対応を想定した事例です。どの事業所でも起こり得ることであり、感染症の基礎知識や感染（疑い）者発生時の対応の手順等を改めて確認しつつ、感染対策マニュアルや国の通知等を理解した上でBCPを策定しています。

1.　D社会福祉法人の概要とBCP策定への着手

　D社会福祉法人は、障害者支援施設を中心に、施設入所支援、生活介護、短期入所、就労支援事業等の日中活動サービスや障害者のグループホーム等を運営しています。

　新型コロナウイルス感染症が猛威を振るうなかではありましたが、政府の第1回緊急事態宣言が出されたとき、D社会福祉法人では、幸いなことに新型コロナウイルスの感染者は出ていませんでした。しかし、いつ感染が起こり、クラスターになってもおかしくない状況でしたので、早急に感染症対応のためのBCPを策定する必要がありました。

　策定までは、法人本部や施設の管理職等を中心に、できるだけスピーディに対応することとし、徐々にPDCAを回し続けられるよう意識しています。

2. BCP策定に向けた準備と手順

(1) BCPを策定するための視点と感染対策のための事前準備

はじめに、厚生労働省や各関係機関から示された感染症対応への情報を整理し、D社会福祉法人の嘱託医等に確認しながらBCP策定の準備をすすめています。また、法人独自の感染対策マニュアルはありませんでしたが、厚生労働省が公表した「障害福祉サービス施設・事業所職員のための感染対策マニュアル」に沿って、嘱託医の協力のもと、職員研修において、感染症の基礎知識、正しい感染予防策、ガウン等の防護具の着脱方法、保健所等との連携のあり方や感染（疑い）者発生時の対応などを学んでいます。

さらには、例えば、マスクを嫌がる利用者がいることから、消毒液やマスクなどの感染予防備品に敏感な利用者への丁寧な対応においても、障害特性に応じた支援の視点や健康管理に留意することの理解も深めていきました。

この感染対策マニュアルとBCPを連動させるため、平時の対応、感染（疑い）者発生時の初動対応、BCP発動判断、感染対策マニュアルの内容を盛り込んだ感染拡大防止対策、事業復旧までの手順を可視化し、職員が迷わず行動できる判断基準・対応基準とすることを意識して策定にあたりました。

その他、クラスター等の発生、感染の長期化など最悪の事態を想定しながら、必要備品等の確保も行いました。必要以上の購入は行わず、最低限必要と思われる分のマスクや消毒液等を備蓄することとしています（図表41）。

図表41　感染症発生時に想定される必要備品リスト

目的	種類	代用品	数量	備考
感染（疑い）者に対応する職員	高性能マスク	サージカルマスク（200枚）	4箱	1箱当たり50枚入り
	ガウン	かっぱ	4着分	
		ビニール袋		
	ゴム手袋	園芸用ゴム手袋	4つ	
	ゴーグル	花粉症用ゴーグル	4つ	
		水中ゴーグル		
施設内消毒	次亜塩素酸ナトリウム	アルコール消毒液	5ℓ	
	散布機	スプレーボトル	2	

※必要に応じて都度、更新する。
(出典)D社会福祉法人のBCP(以下、同じ)

(2) 感染症 BCP の策定手順（プロセス）

実際の策定プロセスとして、以下の項目を柱建てしています。

①　BCP 基本方針・法人理念の掲揚

②　BCP 体制（対策本部）の整備、役割分担の決定等

③　感染症リスクと対応の想定

④　感染予防策の設定（利用者・職員の健康管理等）

⑤　必要備品等の確保

⑥　感染（疑い）者・濃厚接触（疑い）者への対応確認

⑦　優先業務の設定

⑧　情報共有・連携先の確認

⑨　研修・訓練の実施

以上の 9 項目を基本的な柱とし、特に、感染予防策の設定や感染（疑い）者・濃厚接触（疑い）者への対応確認等をするなかで、より必要となる情報の収集や整理、あるいは資料等の作成を検討していきます。

①　ひとりに多くの業務が偏らないよう役割分担

「② BCP 体制（対策本部）の整備、役割分担の決定等」においては、図表 42 のような体制としており、感染症の発生により通常の業務が稼働困難となり、利用者の生活に支障が出た場合、またはそのおそれがある場合に対策本部長または対策本部長代理が BCP を発動します。

組織体制や職員体制等に応じて役割分担をしますが、実際に感染症が発生した場合の初動は、少なからず混乱状態となることも想定できるので、例えば、責任者ひとりに多くの業務が偏らないようにするなど、セクションごとに複数の責任者が役割を分担し合う体制を整備しています。

②　施設内外のリスクの想定と対応

「③ 感染症リスクと対応の想定」については、特に、施設内と外部に分けて、その対策をどのようにしていくか、リスクがなくなるまでの期間はどのくらいかを設定しています（図表 43）。

図表 42　BCP 対策本部・役割分担

役割	担当者
対策本部長または対策本部長代理 ・対策の統括、事業の縮小等の判断	事務局長／施設長（代理：副施設長）
事務局 ・職員・利用者の状況把握、職員の確保、利用者の安全確保、外部連携先との調整等	施設長／副施設長／チーフ①
設備管理 ・施設設備状況の把握、備蓄品等の管理・確保等	チーフ①・チーフ②
食材管理 ・食材の把握・管理等	チーフ③・管理栄養士等
医療 ・保健所、医療機関、施設消毒業者、その他感染対策に関する情報収集、情報提供等	チーフ④・看護師等

図表 43　感染症リスクと対応の想定

項目	リスク	対策	期間
施設内	支援員の感染	勤務調整、業務縮小、優先業務の実施、電話等による業務の共有	2週間～1か月
	看護師の感染	勤務調整、電話等による業務の共有、法人内部または外部の看護師派遣	2週間～1か月
	調理員の感染	調整、支援員での対応、非常食を活用、簡易メニューに献立変更	2週間～1か月
	利用者の感染	感染症対策計画、感染症対策マニュアルに基づく対応、予防	2週間～1か月
	衛生用品の不足	備蓄品使用、備蓄品確保のルートを再検討	2週間～1か月
	外出・行事	中止または、感染予防に努めて実施、代替え案(3密を避けた外出先)	2週間～1か月
	内部研修・会議	中止または、感染予防に努めて実施	2週間～1か月
外部	家族の送迎	家族にも感染症予防に努めていただく	2週間～1か月
	取引業者	玄関口で納品、必要に応じて検温依頼	2週間～1か月
	実習・ボランティア	受け入れ中止	2週間～1か月
	外部研修	主催者に確認	2週間～1か月
	送迎	車内の消毒、換気、乗車前に体温確認	2週間～1か月
	職員、家族からの感染	職員への感染症予防徹底、体調管理、利用者家族にも感染症予防に努めていただく	2週間～1か月
	風評被害	状況の整理、情報の共有	2週間～1か月

施設内のリスクとしては、利用者や職員の感染はもちろんのこと、感染の拡大等の影響により、衛生用品の不足も考えられます。さらに、外出や行事、内部研修・会議などによる感染を想定した対策をしなければなりません。

外部のリスクとしては、送迎時の感染対策、外部研修や実習・ボランティアの受け入れ、取引業者による感染が想定され、さらに風評被害への対応も検討しておくことが大切です。

いずれにおいても期間としては、感染がおさまる2週間程度から1か月を目安として対策を講じることとしています。

③　感染予防と感染拡大防止の取り組み

想定リスクとその対応の想定もふまえつつ、「④　感染予防策の設定」においては、まずは、図表44の項目を定め、感染予防の徹底に努めるよう、職員間で共有することとしています。

予防策の留意点や具体的な取り組み等は、厚生労働省が示している感染対策マニュアルや新型コロナウイルス感染症を防ぐためのチラシ・リーフレットなども参考に実施しています。

図表44　感染予防策

1	職員各自が感染予防 (手洗い、消毒など) を徹底する。 プライベートでは3密のある場所には行かない。
2	職員は施設内ではマスクを着用する (二重がベスト) 。
3	施設内には消毒液を常備し、職員全員が常時消毒を行えるようにする。
4	出勤時は検温を行い、体温を記録する。
5	基本的に、職員は可能な範囲で毎日、行動履歴・接触者管理 (記録) を行う (個人情報等に配慮する)。
6	37.5度以上の熱や風邪の症状がある職員や濃厚接触の疑い等がある場合は、上司への報告と指示を受けることとする。後日、行動履歴・接触者管理 (記録) を提出する。 また、できる限り、家族の健康管理記録も残す。
7	感染者が発生している場合は、原則として、訪問者の立ち入りは禁止とする (家族等の場合においても協力要請する) 。 発生していない場合でも、できる限りオンラインを中心とした対応に切り替える。
8	感染者が発生している場合は、会議・研修・出張等は、基本的に中止とする。発生していない場合は、小規模での開催やその他の対応等を都度検討する。

　この項目の5や6にある行動履歴・接触者の記録等については、図表45や図表46のような様式を用いています。これを行うことで、保健所との連携や今後の感染予防への対応がしやすくなります。

　また、管理職等が各職員のプライバシー等に配慮しつつ、少しでも行動を把握することで、例えば不要不急の外出等により、感染リスクの影響がありそうな行動への注意等にもつながりやすくなります。

　感染予防ケア、感染拡大防止のための方法や注意点についても図表47のようにリスト化（見える化）しておきます。

　特に、感染予防の観点から「換気」「消毒」「検温」は、あらかじめ対応時間を定めておくことで、感染予防ケアの質を高めることをめざします。

　また、感染者が発生した場合は、排泄物からも感染する可能性が極めて高いため、感染者及び濃厚接触者と、感染していない利用者の使用するトイレは分けることが必要となります。

　使用後のトイレは必ず消毒することや、感染者のおむつ処理については、「感染性廃棄物」として廃棄することを徹底します。

図表45　行動履歴・接触者管理表

《対象者　○○ ○○》

月日	日時	症状	行動履歴	接触者	接触者対応
○月○日	8:30	無症状	A施設出勤	利用者40名 職員	○月○日保健所指示 健康観察により自宅待機
	17:30 18:00	無症状 無症状	退勤 スーパーへ30分 買物 （マスク着用）		
	18:45	無症状	帰宅	父、母、妹	○月○日PCR検査実施
○月○日	8:00	37.8℃ 倦怠感	自宅待機	母	○月○日PCR検査実施
○月○日	10:00	39.2℃ 倦怠感 呼吸困難	自宅待機	母	
	11:30	39.2℃	B病院通院 保健所連絡	ドクター、看護師 2名	

図表 46　職員・家族検温表

月日	氏名	ご家族氏名	自宅	到着時	体調	体調不良有の場合の症状 (咳・鼻汁・咽頭痛・倦怠感等)
○月○日			℃	℃	□体調不良無 □体調不良有	
○月○日			℃	℃	□体調不良無 □体調不良有	
○月○日			℃	℃	□体調不良無 □体調不良有	
○月○日			℃	℃	□体調不良無 □体調不良有	
○月○日			℃	℃	□体調不良無 □体調不良有	
○月○日			℃	℃	□体調不良無 □体調不良有	
○月○日			℃	℃	□体調不良無 □体調不良有	
○月○日			℃	℃	□体調不良無 □体調不良有	

※到着時(施設に入る際)に再度検温して記録してください

図表 47　感染予防ケア等の方法・注意点

	方法・注意点
換気	9：30 13：00 20：00に10分間以上全体の換気を行う。各居室、ベランダ、浴室の窓を開ける。居室で食事や排泄等を行う際、その都度換気を行う。
消毒	9：30 13：00 20：00に全体の消毒を行う。各居室、トイレ、廊下等のドアノブ、取手、手すりを消毒用アルコールまたは次亜塩素酸水で清拭する。 ※次亜塩素酸希釈液を使用する場合の希釈目安 (200ppm) 　次亜塩素酸ナトリウム (原液：5%) をペットボトルのキャップ約半分 (2ml) に500mlの水を加える
検温	10：30 15：00 19：00に検温を行う。一人検温するごとに酒精綿で体温計を消毒する。職員は利用者一人行うごとに手洗いまたはディスポ手袋を交換する。
排泄	感染者及び濃厚接触者と感染していない利用者の使用するトイレは分ける。 トイレ使用ごとに消毒用エタノールまたは次亜塩素酸水等にて便座、手すり、ホルダーなどを消毒する。 おむつ交換の際は、ディスポ手袋、マスク、ガウンを着用する。 おむつ交換で出た使用済みのおむつはビニール袋に入れて密閉し、感染性廃棄物として廃棄する。 一人支援するごとに手洗いを行う。

感染者のおむつ等の「感染性廃棄物」についても、あらかじめ、ごみの種類と処理方法を確認し示すことで、感染の拡大防止につながることが期待されます。図表48のとおり、処理方法については、感染対策マニュアルを参考としたり、行政や業者等の指示に従い、整理しています。

④　感染者等への対応と職員の確保

続いて、「⑥ 感染（疑い）者・濃厚接触（疑い）者への対応確認」について以下の2点を検討します。

ア　感染の疑いがある職員・利用者への対応

利用者について、37.5度以上の熱が2〜4日以上続いている場合や、強い倦怠感や息苦しさがある場合、また、重篤化しやすい方で2日間症状が続く場合などがあった際、感染の疑いがあると判断します。

職員に疑いがある場合は「自宅待機」とし、施設長等に報告の上、病院や保健所に連絡することとします。

利用者に疑いがある場合は、他の利用者から隔離し、病院または保健所に連絡することとしました。

図表48　感染性廃棄物の種類と処理方法

新型コロナウイルス感染者や感染疑いがある方から出たごみは、下記のとおり、感染性廃棄物として適切に処理する。

ごみの種類	処理方法
おむつ、ティッシュ、ディスポ手袋、使い捨て容器等生活上のごみ	・ビニール袋に密閉してごみ箱に捨てる。 ・ごみ箱が一杯になる前に、直接触れないよう注意してごみ袋をしばり封をする。 ・万が一中身が漏れないよう、ごみ袋は二重にする。 ・封をしたごみ袋はベランダからごみ捨て場に移動する。 ・ごみを捨てた後はせっけんを使って、流水でよく手を洗う。
処置で使用した医療用品やビニールを貫通する恐れのある物等	・ビニール袋に密閉して感染性廃棄物用のプラスチック容器に捨てる。 ・ごみを捨てた後はせっけんを使って、流水でよく手を洗う。 ・蓋をして密閉したプラスチック容器は業者が回収する。
ペットボトル、空き缶等	・感染者が直接使用したものはビニール袋に密閉してごみ箱に捨てる。 ・万が一中身が漏れないよう、ごみ袋は二重にする。 ・封をしたごみ袋はベランダからごみ捨て場に移動する。 ・ごみを捨てた後はせっけんを使って、流水でよく手を洗う。
ポータブルトイレ(排泄物)の処理	・居室から持ち出す際、ポータブルトイレのバケツ(排泄物)をビニール袋に入れて密閉する。 ・汚物処理室に運びビニール袋を開け、排泄物を廃棄する。 ・バケツを中性洗剤で洗浄し、0.5%次亜塩素酸ナトリウム水溶液で消毒する。

図表49　電話・オンライン診療可否一覧

医療機関	電話	オンライン (情報通信機器)	初診	再診	処方箋	保険証・ 支払い	備考
Aクリニック	○	メール・FAX	×	○	病院→薬局	次回精算	
B病院	×	×	×	×	×	×	
C病院	○	×	×	○	来院	来院時	内科のみ対応
D赤十字病院	○	×	×	○	病院→薬局	次回精算	当日医師より電話あり

※対応可能としている病院でも、医師の考え、処方薬、状態によって対応できない場合あり。

　万一、保健所や病院が逼迫状態で、検査の実施が困難な場合は、法人の判断によるものとしていますが、その場合は、職員は「自宅待機」、利用者は隔離対応（個別ケア）を基本としています。

　その他、電話やオンライン診療の可否についても、連携する病院等に確認しておきました（図表49）。

　施設長は、感染が疑われる職員または利用者が発生したことを法人本部（対策本部）に報告するとともに、該当の職員または利用者が濃厚接触した可能性のある者についても把握・報告します。

　報告を受けた法人本部（対策本部）は、感染が疑われる職員や利用者が発生した旨を嘱託医や施設の職員に周知し、BCP発動の準備をすすめることとします。その間、極力、感染拡大を防止するために施設の自主消毒等を実施します。

　陽性かどうか、安全が確認されるまでは、入所施設は外部からの受け入れを禁止とし、併設の通所事業所を休止することを判断します。

　また、感染の疑いがある職員または利用者と濃厚接触の可能性がある者については、職員の場合は「自宅待機」とし、発熱などの症状を上司に報告します。この間、職員の配置に問題がないかも十分に確認し、緊急時の職員参集や同法人の他施設からの応援についても必要性を検討します。緊急時の職員参集については、緊急連絡先、通勤手段や通勤時間、参集の可否をあらかじめリスト化しているため、できる限り職員の不足によるサービスの休止にはつながらないよう、職員確保体制の整備に努めるとよいと

考えます。

　一方、利用者に感染の疑いがある場合、他の利用者から隔離し、感染（陽性）を想定した個別ケアを実施することとしています。

イ　感染（陽性）の職員・利用者への対応

　職員または利用者の検査結果で陽性が出た場合には、施設長を通じて法人本部（対策本部）及び嘱託医に報告します。

　報告を受けた法人本部（対策本部）は、保健所や行政の指導に基づき、「行動履歴」の把握と、「濃厚接触者」の特定を行います。

　利用者において、感染症状等により、病院への入院判断となった場合は、病院でのケアに切り替えますが、逼迫する医療機関の状況により施設内療養の判断となった場合は、後述のとおり、施設のゾーニング対応を図り、個別ケアの実施へと移ります。

　その後、災害対策本部の正式な立ち上げとBCPの発動を行い、保健所や行政の指示のもと、施設の閉鎖、併設の通所事業所の休止の延長（期間の設定）等の判断をします。

　職員において濃厚接触者が特定された場合は、医師の判断のもと、期間内の自宅待機を指示します。利用者において濃厚接触者が特定された場合は、他の利用者から隔離し、こちらも個別ケアの対応をします。

　ここで、対策本部は「外部への周知（情報発信）」として、感染者が発生した施設の他職員及び同法人の各施設に対し、現状の共有と今後の対応について連絡します。さらに、行政、社協、関係団体、近隣住民や保護者などに現状等を発信します。

　現時点では陽性の場合において、関係者等に情報周知を図ることとしていますが、今後、例えば、検査中で速やかな情報発信ができない際でも検査中や確認中であることを公表しようと考えています。陰性であれば何もなかったのだから公表しないで済むというわけではなく、保護者、地域住民や関係機関等の安心感や、今後の対応に関する心の準備なども考慮した情報発信のあり方を検討課題としています。

　その後、対策本部は施設内消毒の手配（業者への依頼）をし、その際の利用者の避難先（主に法人内別施設）も確保します。ここについては、あ

らかじめ、どこの施設のどの空間を確保できるか、職員の配置に問題はないか等の状況をふまえ、法人内で避難施設の決定をします。

　そして、感染利用者への個別ケアや感染職員の自宅待機について、定められた期間や医師の了解（判断）等が出るまで、引き続き対応していきます。また、保健所や行政等の指示のもと、感染がないことを確認し、施設及び併設のデイサービスの通常業務を再開します。

⑤　感染拡大防止対策を徹底した上での優先業務の実施

　最後に、「⑦　優先業務の設定」について紹介します。

　図表50のように、感染者対応にかかる優先業務の洗い出し、その業務の優先度評価やサービス回数・対応方法等を検討しました。

　感染症状等によって変わってきますが、感染イコール隔離で完結するのではなく、生活の質や身体機能等の低下につながらないよう、例えば、食事、排泄、入浴、口腔ケア、褥瘡予防、バイタルチェック、居室消毒、服薬対応などの優先度が高いものは、感染拡大防止対策を徹底しながらサービスを継続することが重要です。

⑥　感染症発生時の業務体制（日課）の作成

　なお、この優先業務の設定・対応等をふまえながら、感染症発生時の業務体制（日課）を作成しています。今回は紹介しませんが、特に、入所の場合は、起床から就寝後までの一日の流れと職員の対応を想定しておきます。

　感染拡大に留意し、感染していない利用者と感染している利用者それぞれの支援の流れをあらかじめ定めておくことで、職員がスムーズに利用者支援にあたることが可能となります。

　また、感染者数によって、感染している利用者に対応する職員を増員する、あるいは職員も感染により出勤に制限が出ることも考えられるため、職員の確保体制の状況もみながら、日課を作成することがよいのではないかととらえています。

　併設のデイサービス（通所事業）では、感染状況等によって、サービスの縮小もしくは休止を判断しますので、その場合は、縮小の場合の利用者

図表 50　利用者支援における優先業務（感染者対応）の設定

業務	優先度	サービスレベル		
		時間	回数	内容等
送迎	高	迎え、送り	随時	車両の消毒、換気を実施、車内での過ごし方の意識づけ
車両消毒	高	車両使用後	車両使用後	利用者が頻繁に触れる場所を念入りに消毒する
検温	高	来所後、13:45	2回	各利用者の平熱を把握しておく。熱感がある場合は随時実施
バイタルチェック	高	来所後、13:45	2回	バイタルサインの変動に留意する
水分補給	高	午前、午後	適宜	持参した水分や水を提供し水分補給を行う
日中活動・作業	中	10:00〜、13:00〜	2回	可能な範囲で実施する
換気	高	9:30、10:30、11:30、12:30、13:30、14:30、15:30、16:30	8回	1回5分程度
施設内消毒	高	11:45、15:30、17:00	3回	次亜塩素酸ナトリウムを使用して拭き取りを行う
排泄		定時排泄、本人の訴え	必要回数	通常どおり実施する
昼食	高	12:00〜	1回	摂取状況を注意して観察する
服薬		昼食後	1回	持参薬を確認し、必要な支援を行う
口腔ケア	高	昼食後	1回	うがいの際に吐き出した水が飛び散らないように注意する
入浴	高	9:00〜15:00	—	清拭や着替えのみで対応する(個別の状況により要相談)
ティータイム	中	15:00	1回	可能な限り通常通り
清掃	中	17:45	1回	施設内全体の清掃を行う
喀痰吸引	高	随時	随時	痰の量、形状を観察して支援する
経管栄養	高	随時	随時	むせ込み、嘔吐、顔色不良等の状態の変化に留意する
褥瘡処置	高	随時	随時	医師の指示に従い実施
導尿見守り	高	随時	随時	本人が安心して実施できるように必要な補助を行う
外出	低	—	月1回	中止または感染予防に努めて実施
お楽しみ会	低	—	月1回	中止または感染予防に努めて実施
季節行事	低	—	年4回	中止または感染予防に努めて実施

対応、休止した場合の代替サービスの実施についても検討し、利用者リストとして整理しました（図表51）。

　縮小の場合は、例えば、午前・午後と2回に分けてサービスを行うことや、利用者人数を10人程度に少なくしてサービスを提供するなどの想定をします。

　休止の場合は、利用者の状況に応じて、電話や訪問等で状況確認や適切な支援を行うことを確認し、リストに反映することが大切です。

　ちなみに、介護のデイサービス（通所事業）の場合においても、休止した場合、デイサービスが居場所という側面だけでなく、「介護予防」という重要な機能を担っていることから、利用者個々に合わせて、電話や訪問等のサービスを検討しておくことが必要ではないかと考えています。

図表51　通所事業の縮小・休止時における利用者リスト

	氏名	午前／午後に分けて実施										10人程度の利用に縮小し実施					通所休止し、代替サービス実施
		月		火		水		木		金		月	火	水	木	金	代替サービス内容
		午前	午後	午前	午後	午前	午後	午前	午後	午前	午後						
1	Aさん						○										電話にて状態確認
2	Bさん	○										○					自宅にて入浴支援及び家事全般等
3	Cさん			○				○									自宅にて入浴支援等
4	Dさん	○		○		○		○		○		○	○	○	○	○	自宅にて清拭及び服薬排泄支援等
5	Eさん	○				○			○			○				○	自宅訪問し状態確認
6	Fさん		○						○						○		自宅にて入浴清拭及び排泄支援等
7	Gさん	○				○		○				○		○	○		自宅にて入浴支援及び家事全般等
	合計人数	12	7	9	10	11	7	9	8	13	11	10	11	10	10	12	

※2回に分けて営業する際は午前は9時から12時半まで、午後は13時から16時までとする。午前と午後の間に消毒作業を行う。また、午後の部は家族送迎での来舎とする。
※代替サービス提供利用者の詳細は別紙参照。

(3) 感染した利用者等への個別ケアの具体的な方法（ゾーニングシミュレーション）

　感染（疑い）や濃厚接触（疑い）の利用者が発生した場合、ただちに、施設内を感染者エリアと通常利用者の生活エリアに分けていきます。

　D社会福祉法人の施設は2階建てで、1階・2階ともに利用者が生活しています。ゾーニングを検討する際、1階で感染者等が発生した場合や2階で感染者等が発生した場合など、複数のパターンを想定しましたが、図表52のように、1階・2階ともに感染者等が発生し、全体がレッドゾーン、つまり感染（者）エリアとなってしまう最も重いケースについても十分に想定しています。

　居住スペース全体がレッドゾーンになるため、限られたスペースをどのように活用し、動線をどのように考えていくかなど、何度も職員間で話し合って検討を重ねました。

　実際に、レッドゾーンとセミクリーンゾーン（職員スペース）の間には、衝立や簡易的な仕切り等を置くなどして、スペースの区分けをしておき、感染拡大の防止に努めます。

図表52　ゾーニングイメージ

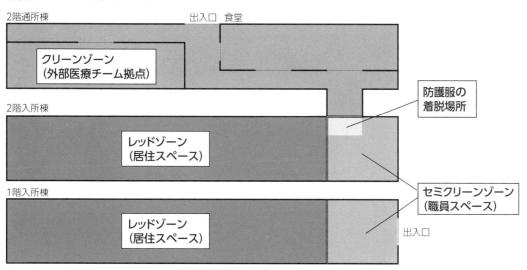

※レッドゾーンで利用者を直接支援（濃厚接触）する職員は、日中は4〜5名、夜間は2名を想定。

━━━　扉がないため、ブルーシート等の簡易的な間仕切り
───　扉がある出入口

セミクリーンゾーン（職員スペース）内では、防護服の着脱も行っていきますが、基本的には、感染拡大防止の観点から、専用スペースを設け、そこでの着脱を徹底します。可能であれば、職員スペース内に余っている個室等を使用して、そこで対応することがベストですが、スペースが限られているケースであれば、簡易的な仕切り等で区切るなども想定しています。

　なお、防護服の着脱に必要な知識と技術も学びながら、専用スペースを想定し、着脱の訓練を行いました。そうすることで、いざというときの実行力の向上に努めています。

　また、施設全体がレッドゾーンのように重いケースの場合、外部医療チーム等の支援の受け入れ等も検討し、その場合の活動スペースも想定しています。D社会福祉法人施設の２階には、併設の通所事業所（デイサービス）の活動エリアがあるため、その部分をクリーンゾーンとし、外部医療チーム等の活動拠点として設定しました。

資料編

参考様式・関連動画の紹介

様式1　リスクアセスメントシート

施設・事業所名	事業休止可能日数	発生する確率の高いリスク			リスクに対する脆弱性			影響度	リスク対応策	暫定コスト	費用対効果	採否
		地震	水害	風害	その他	資源を取り巻く環境	現状での対策					
特別養護老人ホームA苑	0日	○				設備が古い（昭和55年築）	耐震化診断の結果、問題はない	大	施設の建替え	600,000,000円		
									耐震化工事の実施	50,000,000円		○
			○			河川に近い	なし	中	施設の移転新築	900,000,000円		
									避難設備等の購入	20,000,000円		○

（出典）全国社会福祉法人経営青年会「事業継続マネジメント実践の手引き」

様式2　目標復旧時間と対応シート

施設・事業名	中断時間	サービスへの影響	収入への影響	対応及び稼働割合等	復旧基準時間
B苑. 入所部門	24時間以内	大	中		
	3日		大		
	5日〜1週間				
	2週間				
	1か月				
	1か月以上				
C苑. 通所部門	24時間以内				
	3日				
	5日〜1週間				
	2週間				
	1か月				
	1か月以上				
	24時間以内				
	3日				
	5日〜1週間				
	2週間				
	1か月				
	1か月以上				

※影響度は、大・中・小で記載

(出典) 全国社会福祉法人経営青年会「事業継続マネジメント実践の手引き」

様式3　リスクと対応の想定シート

項　目	使用不可となるもの	復旧までの期間	対応・代替策	具体的方法（復旧方法・手順・その他）
建物	全体			
建物	居室部			
建物	食堂			
建物	浴室			
設備・備品				
電気				
水道				
ガス				
備蓄				
食材				
職員				
資金				

（出典）全国社会福祉法人経営青年会「事業継続マネジメント実践の手引き」

様式4　業務復旧へ向けた連携機関シート

分類	名称	機能復旧のための役割	対応策	担当者名	電話番号	FAX	担当者の携帯番号	E-mail
取引先	〇〇ガス㈱	物流の復旧	優先補充の締結 異常時緊急連絡先の明示	所長．〇〇〇〇				
関係機関								
他法人								

（出典）全国社会福祉法人経営青年会「事業継続マネジメント実践の手引き」

様式 5　緊急時職員参集・災害本部体制シート

No.	氏　名	緊急連絡先	通　勤　手段	通　勤　時間	非常時参集	所要時間	災害対策本部設置時の役割	代　行　者	内　容
1	〇〇施設長	090-0000-0000 (0000)00-0000	自家用車	30分	〇	50分	対策本部長	△△事務長	対策本部に関するすべての責任と権限をもつ
2	△△事務長								

(出典) 全国社会福祉法人経営青年会「事業継続マネジメント実践の手引き」

様式6　災害対策本部設置体制シート

設置区分	災害の状況及び基準	対策本部発動権限
第1段階		
第2段階		
第3段階		

BCP発動基準：以下の基準に基づき、災害対策本部長及び代行者が発動を宣言する。

設置場所	第1候補	第2候補	第3候補
責任者　本部長	○○施設長	000-0000-0000	安全確保
責任者　本部長代理	△△		設備管理
責任者　事務局			食材
責任者　法人連携			医療
必要備品			
その他			

（出典）全国社会福祉法人経営青年会「事業継続マネジメント実践の手引き」

様式7　職員育成・訓練計画シート

No.	内　容	目　的	実　施　方　法	対　象　者	実施時期・回数

※職員育成の枠組み・視点

①BCPそのものに関するもの
②利用者の安全確保に関するもの
③利用者の生活継続に関するもの
④二次被害防止に関するもの
⑤職員体制確保に関するもの
⑥インフラ復旧に関するもの
⑦建物に関するもの
⑧設備復旧に関するもの
⑨備品・消耗品に関するもの
⑩法人や外部機関との連携に関するもの
⑪地域貢献に関するもの
⑫災害対策本部設置に関するもの
⑬その他

(出典) 全国社会福祉法人経営青年会「事業継続マネジメント実践の手引き」

様式8　初動チェックリスト

No.	項目	確認項目	1時間	～3時間	チェックメモ
1	自らの安全確認	痛み、出血がなく歩行可能			
2	職員の安全確認	痛み、出血がなく歩行可能			
3		参集可能な職員数が把握できている			
4	対策本部の設置・活動	指示命令系が明確になっている			
5		職員の役割分担が明確になっている (情報収集、巡回、記録、応急処置他)			
6		ラジオやテレビから情報収集を開始している			
7		ホワイトボードに対応状況を表記している			
8		救急セットが準備されている			
9		懐中電灯が用意されている			
10		館内放送設備の稼働状況が確認されている			
11		事業継続の範囲と程度等を確認している			
12		A区役所等と連絡			
13	お客様の安全確認	お客様リストが手元に用意されている			
14		お客様リストによりお客様の安否確認を開始している			
15	施設内の安全確認	2次災害防止の活動(ガス元栓・EV停止等が開始)			
16		火器使用ヶ所、落下物、ガラス等の危険か所の巡視チェック			
17	応急処置	対応可能な範囲で応急処置を開始			
18		重傷者の数、名前、場所を把握している			
19	ライフラインの確認	水道が利用できる			上・下水道
20		トイレが利用できる			
21		電気が使用可能である			
22		ガスが使用可能である			
23		電話が使用可能である			
24	家族の安否確認	自分の家族の安否が確認できている			職員
25		お客様のご家族の安否が確認できている			入所・短期
26	重症者の医療機関への搬送	被害状況をまとめ、医療機関への連絡を行う			一時避難所へ搬送
27	備蓄品の確認	備蓄品が用意されている			
28		備蓄品の量が把握されている			「場所」・量
29	施設内設備の清掃等	危険か所への立入禁止表示をしている			
30		ガラスの破片の清掃を行う			
31		転倒した家具等の整理を行う			
32		施設内の被害状況を写真撮影			
33	近隣施設との連絡調整	双方の被災状況を確認し、今後の対応を確認			
34	在宅の高齢者等の安否確認	安否確認必要リストが手元にある			居宅
35		地域の巡回に行ける人員の確保と役割確認			
36	一時退避者の受入(特別避難場所の開設)(B地区ネットワーク)	施設内で受入れのエリアを区分している			B地区は 未条件8名受入
37		受入の担当人員の準備ができている			

(出典)全国社会福祉法人経営青年会「事業継続マネジメント実践の手引き」

様式 9　自施設の被害想定

	当日	2日目	3日目	4日目	5日目	6日目	7日目	8日目	9日目	⋮
(例)電力		自家発電機→	復旧	↑	↑	↑	↑	↑	↑	↑
電力										
EV										
飲料水										
生活用水										
ガス										
携帯電話										
メール										
⋮										
⋮										

(出典）厚生労働省資料

様式10　施設・設備の点検リスト

場所/対象	対応策	備考
建物（柱）	柱の補強/X型補強材x設置	旧耐震基準設計のもの
建物（壁）	柱の強度/X型補強材の設置	旧耐震基準設計のもの
パソコン	耐震キャビネット（固定）の採用	
キャビネット	ボルトなどによる固定	
本棚	ボルトなどによる固定	
金庫	ボルトなどによる固定	
浸水による危険性の確認	毎年1日に設備担当による点検を実施。年1回は業者による総合点検を実施。	
外壁にひび割れ、欠損、膨らみはないか	同上	
開口部の防水扉が正常に開閉できるか	故障したまま	4月までに業者に修理依頼
暴風による危険性の確認	特に対応せず	3月までに一斉点検実施
外壁の留め金具に錆や緩みはないか		
屋根材の留め金具にひびや錆はないか		
窓ガラスに飛散防止フィルムを貼付しているか		
シャッターの二面化を実施しているか		
周囲に倒れそうな樹木や飛散しそうな物はないか		

（出典）厚生労働省資料

様式 11　備蓄品リスト

品名	数量	消費期限	保管場所	メンテナンス担当

（出典）厚生労働省資料

様式12 利用者の安否確認シート

利用者氏名	安否確認	容態・状況
	無事・死亡・負傷・不明	
	無事・死亡・負傷・不明	
	無事・死亡・負傷・不明	
	無事・死亡・負傷・不明	
	無事・死亡・負傷・不明	
	無事・死亡・負傷・不明	
	無事・死亡・負傷・不明	
	無事・死亡・負傷・不明	
	無事・死亡・負傷・不明	
	無事・死亡・負傷・不明	
	無事・死亡・負傷・不明	
	無事・死亡・負傷・不明	
	無事・死亡・負傷・不明	
	無事・死亡・負傷・不明	
	無事・死亡・負傷・不明	
	無事・死亡・負傷・不明	
	無事・死亡・負傷・不明	
	無事・死亡・負傷・不明	
	無事・死亡・負傷・不明	
	無事・死亡・負傷・不明	
	無事・死亡・負傷・不明	
	無事・死亡・負傷・不明	
	無事・死亡・負傷・不明	
	無事・死亡・負傷・不明	
	無事・死亡・負傷・不明	

※利用者の容態・状況には、アレルギーの有無（アレルギー情報）もあらかじめ把握しておくとよい。
（出典）厚生労働省資料

様式 13　職員の安否確認シート

職員氏名	安否確認	自宅の状況	家族の安否	出勤可否
	無事　・　死亡 負傷　・　不明	全壊　・　半壊 問題無し	無事　・　死傷有 備考（　　　　　）	可能　・　不可能 備考（　　　　　）
	無事　・　死亡 負傷　・　不明	全壊　・　半壊 問題無し	無事　・　死傷有 備考（　　　　　）	可能　・　不可能 備考（　　　　　）
	無事　・　死亡 負傷　・　不明	全壊　・　半壊 問題無し	無事　・　死傷有 備考（　　　　　）	可能　・　不可能 備考（　　　　　）

（出典）厚生労働省資料

様式 14　建物・設備の被害点検シート

対象		状況（いずれかに○）	対応事項/特記事項
建物・設備	躯体被害	重大／軽微／問題なし	
	エレベーター	利用可能／利用不可	
	電気	通電　／　不通	
	水道	利用可能／利用不可	
	電話	通話可能／通話不可	
	インターネット	利用可能／利用不可	
	…		
建物・設備（フロア単位）	ガラス	破損・飛散／破損なし	
	キャビネット	転倒あり／転倒なし	
	天井	落下あり／被害なし	
	床面	破損あり／被害なし	
	壁面	破損あり／被害なし	
	照明	破損・落下あり／被害なし	
	…		

（出典）厚生労働省資料

様式 15　推進体制の構成メンバー

事業所の状況に合わせて、「感染対策委員会」等の体制を参考に、推進体制を構築する。

担当者名／部署名	法人本部における職務（権限・役割）	
	本部長	・法人本部組織の統括 ・緊急対応に関する意思決定
	事務局長	・本部長のサポート ・本部の運営実務の統括 ・関係各部署への指示
	事務局メンバー	・事務局長のサポート ・関係各部署との窓口
	関係部署（　　　　　　　　）	
	関係部署（　　　　　　　　）	
	関係部署（　　　　　　　　）	
	関係部署（　　　　　　　　）	
	関係部署（　　　　　　　　）	

（出典）厚生労働省資料

様式 16　施設・事業所外連絡リスト

行政、医療機関、委託業者・取引先などの連絡先をあらかじめ確認し、本様式に記入する（別途作成されている場合は、作成不要）。

機関種別	名称	担当者	部署	電話番号	FAX番号	メール	住所	備考
(例)保健所	A保健所	B課長	総務	03-XXXX-XXXX	03-XXXX-XXXX	XXXX@xxxxx.jp	C県D市E町	…

(出典) 厚生労働省資料

様式 17　職員・利用者　体温・体調チェックリスト

項目ごとにチェック対象者全員が問題なければ○印。1人でも症状があれば人数と該当者を特定。

属性（いずれかに○）：　職員　・　利用者

チェック対象者の氏名：　① 　② 　③ 　④ 　⑤ 　⑥ 　⑦ 　⑧ 　⑨ 　⑩

チェック項目 ＼ 月日	(例)11/6	／①	／②	／③	／④	／⑤	／⑥	／⑦	／⑧	／⑨	／⑩	／	／
1 体温（●度以下⇒○）	4/10												
2 鼻水	○												
3 せき	○												
4 くしゃみ	2/10												
5 全身倦怠感	○												
6 下痢	○												
7 嘔吐	○												
8 咽頭痛	○												
9 関節痛	○												
10 味覚・聴覚障害	1/10												
11 その他													
問題ある項目（該当者氏名）	1 ①② ⑤⑥ 4 (①③) 10 (②)												
チェック者サイン	＊＊												

(出典) 厚生労働省資料

118

様式 18　感染（疑い）者・濃厚接触（疑い）者管理リスト

＜感染（疑い）者＞

報告日	感染者/感染疑い者	属性（いずれかに○）	所属（職員の場合）	氏名	感染者区分	発症日	出勤可能日（見込）	発症日から2日前までの間の行動（感染（疑い）者が会った職員名・触った事業所箇所等）	管理完了
10/5	感染疑い者	職員/入所者/出入り業者	○○課	○○○○	本人/同居家族	10/5	10/20	10/4 △△と夕食を食べた 10/3 ○号室で嘔吐した 10/5 朝、自宅で嘔吐し欠勤	
/		職員/入所者/出入り業者			本人/同居家族	/	/		
/		職員/入所者/出入り業者			本人/同居家族	/	/		
/		職員/入所者/出入り業者			本人/同居家族	/	/		
/		職員/入所者/出入り業者			本人/同居家族	/	/		
/		職員/入所者/出入り業者			本人/同居家族	/	/		

＜濃厚接触（疑い）者＞

報告日	濃厚接触者/接触疑い者	属性（いずれかに○）	所属（職員の場合）	氏名	感染者区分	発症日	出勤可能日（見込）	接触した感染（疑い）者の職員名・利用者、状況等	管理完了
10/5	接触疑い者	職員/入所者/出入り業者	○○課	○○○○	本人/同居家族	10/5	10/18	10/4 △△と休憩室でマスクをせず長時間会話した	済
/		職員/入所者/出入り業者			本人/同居家族	/	/		
/		職員/入所者/出入り業者			本人/同居家族	/	/		
/		職員/入所者/出入り業者			本人/同居家族	/	/		
/		職員/入所者/出入り業者			本人/同居家族	/	/		

（参考）感染が疑われる者との濃厚接触が疑われる者の特定にあたっては以下を参考。
・新型コロナウイルス感染が疑われる者と同室または長時間の接触があった者
・適切な感染の防護無しに新型コロナウイルス感染が疑われる者を診察、看護もしくは介護していた者
・新型コロナウイルス感染が疑われる者の気道分泌液若しくは体液、排泄物等の汚染物質に直接接触した可能性が高い者
・手で触れることの出来る距離（目安として1メートル）で、必要な感染予防策なしで、新型コロナウイルス感染が疑われる者と15分以上の接触があった者

（出典）厚生労働省資料

様式19 （部署ごと）職員緊急連絡網

職員の緊急連絡先をあらかじめ確認し、本様式に記入する（別途作成されている場合は、作成不要）。

氏名	部署	役職	電話番号	携帯電話		備考
				電話番号	メールアドレス	
（例）〇〇 〇〇	総務	課長	03-XXXX-XXXX	090-XXXX-XXXX	XXXX@XXXX.jp	

（出典）厚生労働省資料

様式 20　備蓄品リスト

備蓄品の管理をするための記入する（※必要に応じてこのシートをコピーして使用）。

No.	品目	備蓄量 目安	備蓄量 備蓄量	必要量	過不足量	単位	保管場所	備考
1	マスク（不織布製マスク）							
2	サージカルマスク							
3	N95マスク							
4	体温計（非接触型体温計）							
5	手袋（使い捨て）							
6	フェイスシールド							
7	ゴーグル							
8	エプロン（使い捨て）							
9	ガウン（使い捨て）							
10	キャップ							
11	次亜塩素酸ナトリウム液							
12	消毒用アルコール							
13	ガーゼ・コットン							
14	トイレットペーパー							
15	ティッシュペーパー							
16	ペーパータオル							
17	保湿ティッシュ							
18	石鹸・液体せっけん							
19	おむつ							
20	ごみ袋							
21								
22								
23								
24								
25								

（出典）厚生労働省資料

様式 21　業務分類（優先業務の選定）

施設の業務を重要度に応じて4段階に分類し、出勤状況を踏まえ縮小・休止する。
入所者・利用者の健康・身体・生命を守る機能を優先的に維持する（出勤率をイメージしながら作成）。

分類名称	定義	業務例	出勤率			
			%	%	%	%
A:継続業務	・優先的に継続する業務 ・通常と同様に継続すべき業務	食事、排泄、医療的ケア、清拭　等				
B:追加業務	・感染予防、感染拡大防止の観点から新たに発生する業務	利用者家族等への各種情報提供、空間的分離のための部屋割り変更、施設内の消毒、来所者の体温測定、等				
C:削減業務	・規模、頻度を減らす業務	入浴、活動、就労訓練　等				
D:休止業務	・上記以外の業務					

（出典）厚生労働省資料

122

様式 22　来所立ち入り時体温チェックリスト

備え付けの非接触型体温計で検温願います。体温が●度を越える場合は立ち入りをご遠慮いただいておりますので、あらかじめご了承願います。

月日	立ち入り時間	退出時間	企業名 (利用者のご家族の場合は記入不要)	氏名	訪問先 (立ち入り者名／担当者名など)	検温結果 (体温を記載)	備考
10月10日	10:10	11:11	○○クリーニング	○○　○○	○○課・○○	36.5度	←記載例

(出典) 厚生労働省資料

4本シリーズ

全国社会福祉法人経営青年会
BCP解説動画公開中!

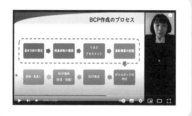

本書の内容の多くをシリーズ動画で学ぶことができます

　全国社会福祉法人経営者協議会　全国社会福祉法人経営青年会では、BCPの策定・運用に関するポイント等をまとめた「解説動画」を4本シリーズで公開しています。

　シリーズとしては、BCP策定の目的や意義等を理解するための「総論編」1本、BCPの具体的な策定方法や実効性を高めるための取り組み等を紹介する「各論編」3本を、社会福祉法人・社会福祉施設の経営者や管理者が解説しています。

　本書と合わせてご活用いただき、多くの社会福祉施設・事業所において、BCP 策定ならびに実効性を高める取り組み等の参考にしてください 。

▶ 再生リスト	
URLはこちら	二次元バーコードはこちら
https://Bit.ly/3LCvq12	

▶ BCP 解説動画4本シリーズの各ポイントと 本書の関係性について

▶ シリーズ ① 総論編

ポイント
BCPとは何か?を理解する
BCP策定の意義をふまえる
BCPの位置づけと策定プロセスを理解する

本書が関連するか所
1 福祉施設・事業所におけるBCP・BCMとは

▶ シリーズ ② 各論編「組織体制の確立」

ポイント
BCPの意義と基本方針策定の重要性を理解する
事業規模による作成のプロセスを整理する
種別や類型による BCP 策定の推進体制を考える
想定リスクを明らかにする

本書が関連するか所
2 福祉施設・事業所におけるBCPの策定・運用プロセス

▶ シリーズ ③ 各論編「策定プロセス」

ポイント
BCP策定のプロセスを理解する
事業継続に向け、計画に盛り込む事項を理解する
ボトルネック資源調達に向けた対策を整理する

本書が関連するか所
2 福祉施設・事業所におけるBCPの策定・運用プロセス
3 BCPの策定と運用 ～A社会福祉法人の具体的取り組みから～

▶ シリーズ ④ 各論編「地域に目を向けたBCP」

ポイント
社会福祉法人におけるBCPの意義を理解する
災害時における社会福祉法人の役割発揮に向け平時の活動を検討する
受援と応援の両側面からの支援のあり方を理解する
地域との連携強化に向けた取り組み体制を構築する

本書が関連するか所
3 BCPの策定と運用 ～A社会福祉法人の具体的取り組みから～

おわりに

　福祉サービスを展開する福祉施設・事業所には、BCP の策定、BCM の推進に積極的に取り組むことが求められています。

　本書の「はじめに」でも述べたとおり、福祉施設・事業所において、事業が継続できなくなることは、利用者の生活ひいては生命の維持にも影響し、また、利用者の家族や地域住民の社会活動・経済活動にも影響を与えることになります。

　そのなかでも、多くの福祉施設・事業所を運営する社会福祉法人は、その公益性の高さから、地域住民一人ひとりの命と生活を守る使命や役割があるといえます。

　特に、自然災害等の不測の事態が発生した際、各地域の拠点として、いわば「地域共生社会」を主導するために、地域住民をはじめ、地域にかかわる多くの団体、機関や関係者等と連携・協働することが必要です。

　社会福祉法人のみならず、すべての福祉サービスを担う主体においても、利用者や地域を守り抜くという共通の使命のもと、自然災害等の不測の事態に強い地域づくりを行い、それを可能とさせるための BCP・BCM の取り組みにつなげていく必要があります。

　本書では、BCP の策定・BCM の運用等に必要なポイントを事例等も交えながら紹介いたしました。本書の副題としている「利用者と地域を守り抜くために」という社会福祉法人、福祉施設・事業所に共通する使命を全うするために、ぜひ、多くの福祉施設・事業所において、BCP・BCM の体制整備や取り組みのヒントを得るきっかけとしてご活用いただければ幸いです。

令和 5 年 5 月

全国社会福祉法人経営者協議会

全国社会福祉法人経営青年会

本書発行にあたって協力いただいた皆様

(五十音順)

・社会福祉法人 愛児会

・社会福祉法人 植竹会

・社会福祉法人 さかい福祉会

・社会福祉法人 尚仁福祉会

・社会福祉法人 誠光会

・社会福祉法人 東方会

・社会福祉法人 同愛会

・社会福祉法人 宝山寺福祉事業団

・社会福祉法人 明徳会

・全国社会福祉法人経営青年会

　　　　　連携推進室長　　菊地　月香（社会福祉法人 同愛会 理事長）

福祉施設・事業所における
事業継続計画（BCP）のポイント
～利用者と地域を守り抜くために～

発　行　2023 年 5 月 26 日　初版第 1 刷

編　著　全国社会福祉法人経営者協議会、全国社会福祉法人経営青年会

発行者　笹尾　勝

発行所　社会福祉法人　全国社会福祉協議会

　　　　〒 100-8980　東京都千代田区霞が関 3-3-2 新霞が関ビル

　　　　電話　03-3581-9511

定　価　1,650 円（本体 1,500 円＋税 10％）

デザイン　株式会社 デザインスタジオ ドアーズ

印刷所　株式会社 丸井工文社　　　　　　　　　　　　禁複製

ISBN978-4-7935-1432-6　C2036 ¥1500E